من محاسن الدين الإسلامي

إعداد
مركز أصول

ترجمه وتخريج
ابواسعد قطب محمد اثري

تصحيح وتقديم
د/ عبدالرحمن بن عبدالجبار الفريوائی
استاذ حديث جامعة الإمام محمد بن سعود الإسلاميه

URDU
اردو

ح المكتب التعاوني للدعوة والإرشاد وتوعية الجاليات بالربوة، ١٤٤١هـ

فهرسة مكتبة الملك فهد الوطنية أثناء النشر

مركز أصول للمحتوى الدعوي

من محاسن الدين الإسلامي: اللغة الأردية . / مركز أصول للمحتوى الدعوي؛ قطب محمد الأثرى. - الرياض، ١٤٤١هـ

١٢٨ ص، ١٤ سم x ٢١ سم

ردمك : ١-٢٦-٨٢٩٧-٦٠٣-٩٧٨

١- الاسلام - مباديء عامة ٢- الفضائل الاسلامية أ. الأثرى، قطب محمد

ب. العنوان

ديوي ٢١١ ١٤٤١/٥٥٥٥

رقم الايداع: ١٤٤١/٥٥٥٥

ردمك : ١-٢٦-٨٢٩٧-٦٠٣-٩٧٨

مركز أصول
Osoul Center
www.osoulcenter.com

أُعد هذا الكتاب وصمّم من قبل مركز أصول، وجميع الصور المستخدمة في التصميم يملك المركز حقوقها، وإن مركز أصول يتيح لكل مسلم طباعة الكتاب ونشره بأي وسيلة، بشرط الالتزام بالإشارة إلى المصدر، وعدم التغيير في النص، وفي حالة الطباعة يوصي المركز بالالتزام بمعاييره في جودة الطباعة.

+966 11 445 4900
+966 11 497 0126
P.O.BOX 29465 Riyadh 11457
osoul@rabwah.sa
www.osoulcenter.com

بسم الله الرحمن الرحيم

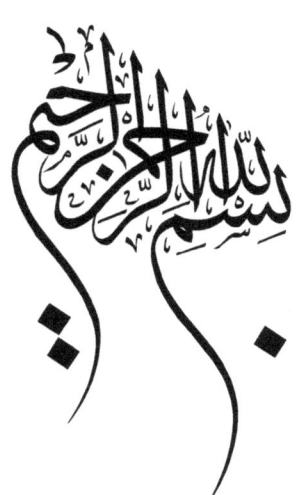

پیش لفظ

الحمد لله رب العالمين والصلاة والسلام على رسوله الكريم
اما بعد:

اسلام دین فطرت ہے، اسلام سارے انس و جن کا دین ہے۔ اسلام کے نبی محمد ﷺ رحمۃ للعالمین ہیں، اور دین اسلام بلا تفریق سب کی ہدایت اور بھلائی کے لئے آیا ہے، اسلام اللہ کا آخری دین ہے جس پر ایمان لا کر اور جس کی تعلیمات پر عمل کرکے انسان اللہ کی رحمت کا مستحق ہوسکتا ہے، اور جب اللہ کی رحمت شامل حال ہوئی تو انسان آخرت میں فلاح یاب ہوسکتا ہے، اسلام اور اس کی تعلیمات کے بارے میں جتنا بھی لکھا جائے وہ کم ہے لیکن یہاں پر اسلام کی چند اہم خوبیوں کا ذکر مقصود ہے۔

اسلام کی خوبیوں میں سے ایک بہت بڑی خوبی یہ ہے کہ وہ عقل و فکر کو مخاطب کرتا ہے، اور معیاری عقل و سوچ سے مکمل طور پر ہم آہنگ ہوتا ہے، بلکہ دین انسانی عقل کو مزید جلا پہنچاتا، اور اس کو صیقل کرتا ہے، اور اس کی صلاحیتوں کو منظم کرکے انسانیت کی خدمت پر آمادہ کرتا ہے، وحی کی روشنی میں عقل با بصیرت ہو جاتی ہے جس کے نتیجہ میں انسان کے اعضاء وجوارح بلکہ اس کا سارا وجود دنیا کی ہر چیز سے

تعلق ختم کر کے صرف اللہ عزوجل کے سامنے سجدہ ریز ہو جاتا ہے۔ عقل کی دنیا میں یہ انقلاب در اصل وحی کے فیضان کا نتیجہ ہے، اس لئے اب اس کی سوچ کا دائرہ محدود دنیا سے بہت آگے آخرت میں عذابِ جہنم سے آزادی اور جنت کا حصول ہوتا ہے۔

اسلام کی بڑی خوبیوں میں سے ایک بڑی خوبی یہ ہے کہ وہ انسانی زندگی کے پانچ اہم عناصر کا محافظ و نگراں ہے:

۱-نفس کا محافظ، ۲ - عقل کا محافظ، ۳- دین کا محافظ،
۴ -مال کا محافظ، ۵- عزت وآبرو کا محافظ۔

اگر غور سے دیکھا جائے تو انہی پانچ چیزوں کی حمایت و صیانت کا نام تہذیب و تمدن ہے، اور جن اقوام و ملل اور ان کی حکومتوں، اور ان کے دانشوروں نے ان پانچ میدانوں میں کامیابی حاصل کی تاریخ میں ان کا نام سنہری حرفوں سے لکھا جائے گا۔

اسلام کی ایک بڑی خوبی یہ ہے کہ وہ اپنے ماننے والوں کو اور اپنے منکرین سب کو بحیثیت انسان کے لامحدود حقوق و مراعات دیتا ہے، بلکہ وہ حیوانات کے حقوق کا بھی پاس دار ہے، وہ چرند وپرند اور موسم کا بھی محافظ ہے۔

اسلام کی ایک بڑی خوبی یہ ہے کہ اس نے معاشرے کے ہر طبقے کے لیے واضح تعلیمات دیں، مرد کے لئے الگ، عورتوں کے لئے الگ، بچوں کے لئے الگ اور بوڑھوں کے لئے الگ۔ آقا اور غلام کے تعلقات ایسے ہونے چاہیے، میاں بیوی کیسے رشتۂ ازدواج میں منسلک ہوں، اور کیسے زندگی

گزاریں، اور اگر زندگی اجیرن ہو جائے تو اپنی اپنی راہ لینے کا اچھا سا طریقہ کون سا ہے؟ صلح کے ایام ہوں یا جنگ کے، غیر مسلموں سے مسلمانوں کے تعلقات کس طرح ہونے چاہئیں، سچ یہ ہے کہ اسلام نے مردوں اور عورتوں اور بچوں کے لیے مستقل آداب بتائے۔

انسان کی فطری ضرورت اور اس کی جبلت میں سے ہے کہ مرد اور عورت عہد بلوغت میں دونوں ایک دوسرے سے قریب ہوں، انس و محبت کے ماحول میں زندگی گزاریں اور باہم معاشرتی زندگی سے خوش و خرم ہوں، لیکن اس فطری ضرورت کی تکمیل کو کھلم کھلا نہیں چھوڑ دیا گیا کیوں کہ اس سے دنیا میں فساد پیدا ہو گا، اور سکون و سکینت کی تلاش میں سرگرداں معاشرہ فتنہ و فساد کا کارخانہ بن جائے گا، اس کے لئے اسلام نے مستقل ایک نظامِ نکاح و مصاہرت بنایا، جس پر عمل کرتے ہوئے مرد اور عورت ایک رشتے میں منسلک ہو جاتے ہیں اور اس طرح دو دل آپس میں مل جاتے ہیں، اللہ رب العزت نے اس نظام کی برکت سے ان جوڑوں کے دلوں میں محبت کوٹ کوٹ کر بھر دی، جس کے نتیجہ میں ایک خاندان وجود میں آتا ہے جو باہم شیر و شکر ہو جاتا ہے اور آئندہ چل کر یہی مطمئن خاندان معاشرے کے امن و سکون کا عنوان بنتا ہے۔

اگر ہر مرد اور عورت اس بات میں آزاد ہوتی کہ جو جس کے ساتھ بلا کسی ضابطے اور قید کے چاہے رہے، اور عیش کرے تو آج دنیا میں شاید کوئی زندہ ہی نہیں رہتا یا شاید دنیا کھنڈر کا نمونہ ہوتی۔

دین اسلام کے محاسن

چونکہ نسل انسانی کی بقاء اور معاشرے کے امن وسکون کا راستہ مرد اور عورت کی پر سکون زندگی سے ہو کر گزرتا ہے۔ اس لئے حمل وولادت کے مرحلے سے گزر کر جب عورت ماں کا مقدس روپ اختیار کرتی ہے اور مرد کو باپ بننے کا اعزاز ملتا ہے اور نومولود دونوں ہی نہیں بلکہ پورے خاندان کا تارہ اور ان کی آنکھ کا ٹھنڈک ہوتا ہے۔ اس مرحلہ میں میاں بیوی کا رشتہ مزید بڑھ جاتا ہے اور اس کی تربیت کے نکتے پر وہ ایک دوسرے سے زیادہ قریب ہوجاتے ہیں۔ بچہ کی ولادت کے بعد اتفاق و اتحاد اور انس وسکون کا ایک قبلہ میسر ہوجاتا ہے۔ جس نقطۂ اتحاد پر دونوں کی نگاہیں مرکوز ہوجاتی ہیں، اور دونوں اس کی پرورش وپرداخت پر بہت سنجیدہ ہوجاتے ہیں، پتہ چلا کہ اس رشتۂ مصاہرت سے صرف ایک جوڑے کا ملاپ ہی نہیں ہوتا بلکہ ایک خاندان وجود میں آجاتا ہے اور مرد اور عورت کے خاندانوں کے درمیان یہ نومولود مزید مضبوط رابطہ کا عنوان بن جاتا ہے۔ اسلام تو بھانجے کو بھی ماموں کے خاندان کا ایک فرد قرار دیتا ہے۔ جیسا کہ حدیث میں آیا ہے: «ابن أخت القوم منه» اس طرح سے معاشرہ میں امن و چین کا رواج ہوتا ہے، لوگوں کو خوشیاں نصیب ہوتی ہیں، اور نسل انسانی کا تسلسل برقرار رہتا ہے۔ اس فطری جذبۂ تسکین کے شرعی نظام سے جس کی اساس پر انسانی معاشرہ کی عمارت قائم ہے۔ اگر مرد وعورت کے ملاپ کی کوئی اور غیر شرعی صورت ہوتی تو اس کا انجام معاشرے میں بے چینی، قتل وخونریزی اور بے سہارا اور ناجائز اولاد کی شکل میں سامنے آتا جس سے معاشرے میں بگاڑ کے علاوہ کچھ

نہ حاصل ہوتا۔ دنیا کے معاشرتی نظام میں جو خلل پایا جاتا ہے اس کا حل صرف اسلام کے نظام نکاح و معاشرت میں ہے۔

قرآن و حدیث سے واقفیت رکھنے والوں پر اسلام کے امتیازات و خصائص مخفی نہیں ہے، لیکن ایک عام آدمی کو ضرورت ہوتی ہے کہ وہ اسلام کی خوبیوں کو اختصار کے ساتھ جان لے۔ اہل علم نے کتاب و سنت کی روشنی میں اسلام کے محاسن اور اسلامی تعلیمات کی خوبیوں کو اجاگر کیا ہے۔

کچھ زیر نظر رسالہ "دین اسلام کے محاسن" کے بارے میں: سعودی عرب کے مشہور عالم دین شیخ عبد العزیز محمد السلمان رحمہ اللہ نے بہت ساری کتابیں تصنیف فرمائی ہیں جن میں اسلامی تعلیمات کو عام فہم اسلوب میں قاری کے سامنے پیش کیا گیا ہے۔ آپ کی کتابیں بڑی تعداد میں مفت تقسیم ہوتی رہی ہیں، اور اس سے بڑی تعداد میں لوگ فائدہ بھی اٹھاتے رہے ہیں، آپ کی عمدہ تصنیفات میں سے زیر نظر رسالہ محاسن الدین الاسلامی بھی ہے جس کا اختصار اردو میں بہت زمانہ پہلے شائع ہو چکا ہے۔ مکتب توعیۃ الجالیات (ربوہ) کے تبلیغی پروگرام میں اس کتاب کی اردو اشاعت کے لئے از سر نو نسبتاً زیادہ جامع اردو نسخہ تیار کیا گیا ہے جس میں آیات قرآنیہ کے ساتھ ساتھ ان کے تراجم مجمع ملک فہد کے مترجم مصحف سے ماخوذ ہیں۔ نیز احادیث کو تخریج کے ساتھ ثبت کیا گیا ہے، اور ساتھ میں اس کا ترجمہ بھی دے دیا گیا ہے۔ زبان و بیان میں آسان اسلوب کو اختیار کیا گیا

ہے، تاکہ اس کتاب سے زیادہ سے زیادہ لوگ فائدہ اٹھائیں،اس کتاب کی تیاری میں شعبۂ جالیات کے ذمہ داروں کے ساتھ ساتھ جن لوگوں نے بھی ہاتھ بٹایا ہے وہ سب شکریہ کے مستحق ہیں، ان میں قابل ذکر شیخ أبوأسعد قطب محمد الاثری ہیں جنہوں نے کتاب کا ترجمہ کیا، اور ہلال الدین ریاضی نے اسے کمپوز کرکے اس قابل بنایا کہ یہ قارئین کے ہاتھوں میں جاسکے۔ ہماری دعا ہے کہ اللہ تعالیٰ مؤلف کتاب، ان کی آل اولاد اور اس اشاعت میں حصہ لینے والے سبھی شرکاء کی نیکیوں کو قبول کرے، اور ہمیں مزید اس بات کی توفیق دے کہ ہم زیادہ سے زیادہ کتاب وسنت کی تعلیمات کو عام کریں۔

اللهم صل على محمد وعلى آله وسلم.

د/کتور عبد الرحمن بن عبد الجبار الفریوائی
استاذ حدیث جامعۃ الامام محمد بن سعود الاسلامیہ، ریاض

مقدمة المولف

الحمد لله الذي تفرد بالجلال والعظمة والعز والكبرياء والجمال، وأشكره شكر عبد معترف بالتقصير عن شكر بعض ما أوليه من الإنعام والإفضال، وأشهد أن لا إله إلا الله وحده لا شريك له، وأشهد أن محمدا عبده ورسوله صلى الله عليه وعلى آله وصحبه وسلم تسليما كثيرا.

سب تعریف اس اللہ کے لیے جو جلال و عظمت، عزت و کبریائی اور جمال میں یکتاو بے مثال ہے، اور میں اس کا شکر گزار ہوں اس بندہ شرمسار کی طرح جو اللہ کے فضل وانعام کا کامل طور پر شکر ادانہ کرنے کا معترف ہے ، اور میں گواہی دیتاہوں کہ محمد ﷺ اللہ کے بندے، اور اس کے رسول ہیں، اللہ ان پر اور ان کے آل واصحاب پر خوب خوب درود وسلام نازل فرمائے۔

میں نے محاسن دین اسلام کا ایک مجموعہ تیار کیا تھا اور اسے اپنی کتاب "مواردالظمآن لدروس الزمان" میں شامل کیاتھا، بعض محسنین نے یہ رائے دی کہ محاسن اسلام کے اس مجموعہ کو کتاب سے الگ چھاپ کر مسلمانوں اور غیر مسلموں میں تقسیم کیا جائے، امید ہے اللہ تعالیٰ

ان کو اس کے ذریعے نفع پہنچائے اور جنہیں ہدایت وتوفیق دینا منظور ہو ان کے لیے اس کتاب کو ہدایت کا ذریعہ بنادے۔ اللہ سے دعا ہے کہ ہمارے اس عمل کو اپنی ذات کریم کے لیے خاص کرلے، اور جنہوں نے بھی اس کتاب کو چھپوایا،اور اس کی نشر اشاعت میں ہاتھ بٹایا،اور جنہوں نے اس کو پڑھا،اور سنا، سب کو اللہ اس کا اجر جزیل عطا فرمائے۔

إنه سميع قريب مجيب، اللهم صل على محمد وعلى آله وسلم.

اسلام کی بعض اہم خوبیاں

اللہ کے بندو! اللہ تعالیٰ (جو کہنے والوں میں سب سے سچا ہے) فرماتا ہے:

﴿ ٱلۡيَوۡمَ أَكۡمَلۡتُ لَكُمۡ دِينَكُمۡ وَأَتۡمَمۡتُ عَلَيۡكُمۡ نِعۡمَتِي وَرَضِيتُ لَكُمُ ٱلۡإِسۡلَٰمَ دِينٗا ﴾ [المائدة: ٣]

"آج میں نے تمہارے لیے دین کو مکمل کر دیا، اور تم پر اپنا انعام بھرپور کر دیا، اور تمہارے لیے اسلام کو دین ہونے پر رضامند ہو گیا"۔

اللہ تعالیٰ نے تمام ادیان پر دین کو غالب کر کے اسے مکمل فرمایا، اور اپنے بندہ اور رسول محمد (ﷺ) کی مدد فرمائی، اور مشرکین کو بری طرح رسوا کیا، جو مسلمانوں کو ان کے دین سے روکنے کے لیے بڑے حریص وبضد تھے، انہیں اس کی بہت لالچ تھی، لیکن جب انہوں نے اسلام کا غلبہ اور اس کی عزت وکامرانی دیکھی تو مسلمانوں کو اپنے دین میں دوبارہ واپس لانے سے ہر طرح مایوس ہو گئے، اور ان سے گھبرانے لگے، اور اللہ عزوجل نے اپنی اس نعمت کو ہدایت، توفیق، غلبہ و تائید کے ذریعہ اپنے بندوں پر پوری کر دی، اور دین کی حیثیت سے اسلام کو ہمارے لیے پسند فرمایا، اور اسلام کو ہی تمام دینوں میں ہمارے لیے

منتخب فرمایا، اللہ کے نزدیک اسلام کے سوا کوئی دوسرا دین قابل قبول نہیں، جیسا کہ اللہ تعالی نے فرمایا:

﴿ وَمَن يَبْتَغِ غَيْرَ ٱلْإِسْلَـٰمِ دِينًا فَلَن يُقْبَلَ مِنْهُ وَهُوَ فِى ٱلْـَٔاخِرَةِ مِنَ ٱلْخَـٰسِرِينَ ﴾ [آل عمران: ٨٥]

"اور جو شخص اسلام کے سوا اور دین تلاش کرے اس کا دین قبول نہ کیا جائے گا، اور وہ آخرت میں نقصان پانے والوں میں ہوگا"۔

اللہ کے وجود اور توحید کے دلائل

اے لوگو! جن کے افکار و خیالات صاف ستھرے تھے، انہوں نے اسلام کے احکامات پر نظر دوڑائی تو اسے گلے سے لگالیا، اور جب اس کی عظیم حکمتوں پر غور و فکر کیا تو اسے محبوب بنالیا، اور جب ان دلوں پر اسلام کے ابتدائی حکیمانہ مسائل کا سکہ جم گیا، تو انہوں نے اس کی عظمت وبڑائی کو تسلیم کرلی، اور جب آدمی صحیح سوجھ بوجھ، روشن بصیرت، اور صحیح فکر و نظر کا حامل ہوتا ہے تو اس کا رشتہ اسلام سے بہت مضبوط ہوجاتا ہے، کیونکہ اسلام میں بڑی خوبیاں اور عظیم فضائل موجود ہیں، جب اسلام نے توحید کے عقائد کو پیش کیا تو عقل سلیم کو بڑی راحت میسر ہوئی، اور سیدھی طبیعت نے اس کا اقرار کیا، نیز توحید اس اعتقاد کو دعوت دیتی ہے کہ پوری دنیا کا ایک ہی معبود حقیقی ہے جس کا کوئی شریک وساجھی نہیں، وہ اوّل ہے اس کی کوئی ابتداء نہیں، اور وہ آخر ہے جس کی کوئی انتہا نہیں:

﴿ لَيۡسَ كَمِثۡلِهِۦ شَيۡءٞۖ وَهُوَ ٱلسَّمِيعُ ٱلۡبَصِيرُ ﴾ [الشوری: ۱۱]

"اس کے مثل کوئی چیز نہیں، اور وہ سننے ،اور دیکھنے والا ہے۔

وہی پوری قدرت والا، اور مطلق ارادے کا مالک، اور اس کا علم پوری کائنات کو محیط ہے، ساری مخلوق کا اس کے سامنے جھکنا اور فرمابرداری کرنا لازم ہے، اور اسی کے مرضی کے مطابق عمل کرنا ضروری ہے، اور اس کے تمام احکام کی بجاآوری واجب ہے، اور اس کی منع کی ہوئی چیزوں سے بچنا ضروری ہے اس نے انفس وآفاق میں دلائل وبراہین قائم کیے ہیں، اور اصحاب عقل کو ان پر غور کرنے، اور ان سے دلیل حاصل کرنے کی ترغیب دی ہے، تاکہ ان کے ذریعہ اللہ کی معرفت اور عظمت حاصل کرکے اس کے حقوق کو ادا کرسکیں، چنانچہ تم کبھی کبھار سوچتے ہوگے کہ خود تمہاراوجود اور کسی بھی چیز کا وجود کسی پیدا کرنے والے کے بغیر ممکن نہیں ہے، جیساکہ اللہ تعالیٰ نے فرمایا:

﴿ أَمۡ خُلِقُواْ مِنۡ غَيۡرِ شَيۡءٍ أَمۡ هُمُ ٱلۡخَٰلِقُونَ ﴾ [الطور: ۳۵]

"کیا یہ بغیر کسی (پیدا کرنے والے) کے خود بخود پیدا ہو گئے ہیں؟ یا یہ خود پیدا کرنے والے ہیں؟"۔

رہی یہ بات کہ انسان اپنا خود موجد ہے تو اس بات کا کچھ لوگوں نے دعویٰ کیا ہے ،لیکن انسان کا یونہی بغیر کسی پیدا کرنے والے کے پیدا ہو جانا یہ ایسی بات ہے جسے فطرت کی زبان ابتداء ہی سے انکار کرتی آئی ہے

جس کے لیے کم یا زیادہ کسی بحث وحجت کی ضرورت نہیں، اور جب یہ دونوں ہی مفروضے باطل ثابت ہوئے تو صرف یہی ایک حقیقت باقی رہ جاتی ہے جس کا اعلان قرآن کررہا ہے، اوروہ یہ کہ مخلوق کو صرف اس اللہ نے پیدا کیا جو ایک اکیلا، یکتاو بے نیاز ہے:

﴿لَمۡ يَلِدۡ وَلَمۡ يُولَدۡ ۝٣ وَلَمۡ يَكُن لَّهُۥ كُفُوًا أَحَدُۢ﴾

[الإخلاص: ٣-٤]

”جس نے نہ کسی کو جنا، اور نہ ہی وہ جنا گیا، اور نہ اس کا کوئی ہمسر ہے“۔

اور آدمی کبھی آسمان وزمین کی طرف نگاہ اٹھاکر سوچتا ہے کہ کیا اسے انسانوں نے پیدا کیا ہے ؟، کیونکہ آسمان وزمین نے اپنے آپ کو تو خود سے پیدا کیا نہیں ہے جیسا کہ انسان خود سے پیدا نہیں ہوا، اور کبھی آدمی جب عقل ونگاہ کے سامنے پھیلے ہوئے آسمان کی طرف اپنی نگاہ ڈالتا ہے، اور اس میں چمکتے سورج، روشن چاند، اور جھلملاتے ستاروں کو دیکھتا ہے، تو زبان حال سے یہ کہنے لگتا ہے:

﴿تَبَارَكَ ٱلَّذِي جَعَلَ فِي ٱلسَّمَآءِ بُرُوجًا وَجَعَلَ فِيهَا سِرَٰجًا وَقَمَرًا مُّنِيرًا﴾

[الفرقان: ٦١]

”بابرکت ہے وہ ذات جس نے آسمان میں برج (بڑے بڑے ستارے) بنائے، اور اس میں آفتاب اور منور مہتاب بنایا“۔

اور یہ بھی کہنے لگتا ہے :

﴿ هُوَ ٱلَّذِي جَعَلَ ٱلشَّمۡسَ ضِيَآءٗ وَٱلۡقَمَرَ نُورٗا وَقَدَّرَهُۥ مَنَازِلَ لِتَعۡلَمُواْ عَدَدَ ٱلسِّنِينَ وَٱلۡحِسَابَ ﴾ [يونس: ٥]

"وہ اللہ تعالیٰ ایسا ہے جس نے آفتاب کو چمکتا ہوا بنایا، اور چاند کو نورانی بنایا، اور اس کے لیے منزلیں مقرر کیں، تاکہ تم برسوں کی گنتی اور حساب معلوم کرلیا کرو"۔

پھریوں گویا ہوگا:

﴿ فَالِقُ ٱلۡإِصۡبَاحِ وَجَعَلَ ٱلَّيۡلَ سَكَنٗا وَٱلشَّمۡسَ وَٱلۡقَمَرَ حُسۡبَانٗاۚ ذَٰلِكَ تَقۡدِيرُ ٱلۡعَزِيزِ ٱلۡعَلِيمِ ﴾ [الأنعام: ٩٦]

"وہ (اللہ تعالیٰ) صبح کا نکالنے والا ہے ، اور اس نے رات کو راحت کی چیز بنایا ہے ، اور سورج وچاند کو حساب سے رکھا ہے، یہ ٹھہرائی بات ہے ایسی ذات کی جو کہ قادر ہے اور بڑے علم والا ہے"۔

نیز یوں کہتا ہے:

﴿ أَفَلَمۡ يَنظُرُوٓاْ إِلَى ٱلسَّمَآءِ فَوۡقَهُمۡ كَيۡفَ بَنَيۡنَٰهَا وَزَيَّنَّٰهَا وَمَا لَهَا مِن فُرُوجٖ ﴾

[ق: ٦]

"کیا انھوں نے آسمان کو اپنے اوپر نہیں دیکھا؟ کہ ہم نے اسے کس طرح بنایا ہے، اور زینت دی ہے، اس میں کوئی شگاف نہیں"۔

نیز کہتا ہے:

﴿ أَوَلَمۡ يَنظُرُواْ فِي مَلَكُوتِ ٱلسَّمَٰوَٰتِ وَٱلۡأَرۡضِ وَمَا خَلَقَ ٱللَّهُ مِن شَيۡءٖ ﴾

[الأعراف: ١٨٥]

''کیاان لوگوں نے غور نہیں کیا آسمانوں اور زمین کے عالم میں اوردوسری چیزوں میں جو اللہ نے پیدا کی ہیں''۔

نیز کہتا ہے:

﴿ٱلَّذِى خَلَقَ سَبۡعَ سَمَـٰوَٰتٍ طِبَاقًاۖ مَّا تَرَىٰ فِى خَلۡقِ ٱلرَّحۡمَـٰنِ مِن تَفَـٰوُتٍۖ فَٱرۡجِعِ ٱلۡبَصَرَ هَلۡ تَرَىٰ مِن فُطُورٍ ۝٣ ثُمَّ ٱرۡجِعِ ٱلۡبَصَرَ كَرَّتَيۡنِ يَنقَلِبۡ إِلَيۡكَ ٱلۡبَصَرُ خَاسِئًا وَهُوَ حَسِيرٌ﴾ [الملك: ٣-٤]

''جس نے سات آسمان اوپر تلے بنائے (تو دیکھنے والے) اللہ رحمن کی پیدائش میں کوئی بے ضابطگی نہ دیکھے گا، دوبارہ (نظریں ڈال کر) دیکھ لو، کیاکوئی شگاف بھی نظر آرہا ہے، پھر دہرا کر دوبارہ دیکھ لو، تمہاری نگاہ تمہاری طرف ذلیل (وعاجز) ہوکر تھکی ہوئی لوٹ آئے گی''۔

نیز کہتا ہے:

﴿وَفِى ٱلۡأَرۡضِ قِطَعٌ مُّتَجَـٰوِرَٰتٌ وَجَنَّـٰتٌ مِّنۡ أَعۡنَـٰبٍ وَزَرۡعٌ وَنَخِيلٌ صِنۡوَانٌ وَغَيۡرُ صِنۡوَانٍ يُسۡقَىٰ بِمَآءٍ وَٰحِدٍ وَنُفَضِّلُ بَعۡضَهَا عَلَىٰ بَعۡضٍ فِى ٱلۡأُكُلِ﴾

[الرعد: ٤]

''اور مختلف ٹکڑے ایک دوسرے سے لگتے لگاتے ہیں، اور انگوروں کے باغات ہیں، اور کھیت ہیں، اور کھجوروں کے درخت ہیں، شاخ دار اور بعض ایسے ہیں جو بے شاخ ہیں، سب ایک ہی پانی پلائے جاتے ہیں، پھر بھی ہم ایک کو ایک پر پھلوں میں برتری دیتے ہیں''۔

انگور کے درخت کو حنظل (اندرائن کا درخت جو سخت کڑوا ہوتا ہے) کے بغل میں زمین کے ایک ہی ٹکڑے میں تم دیکھتے ہو، دونوں ایک ہی پانی سے سیراب ہوتے ہیں، ہر درخت کی جڑیں زمین سے اپنی مناسب غذا چوس رہی ہیں جس سے ان کا ڈھانچہ اورزندگی قائم ہے، اور ہر درخت اپنا اپنا پھل دیتاہے ، جو دوسرے درخت کے پھل سے رنگ، مزا اور بو میں بالکل مختلف ہوتا ہے، اور اسی طرح آس پاس کے دوسرے درختوں کا بھی یہی حال جن کی زمین ایک اور پانی ایک ہے لیکن رنگ اور مزا الگ الگ ہے، کیا یہ پتہ نہیں دیتیں کہ ایک بنانے والے، حکیم قادر کا وجود بر حق ہے ؟ «إن في ذلك لآية» "بیشک اس میں اللہ کی بڑی نشانی ہے"۔

کبھی آدمی آسمان سے نازل ہونے والے پانی کی طرف دیکھتاہے جس سے زندگی کا سہارا قائم ہے، اگر اللہ چاہتاتو اسے کھارا بنادیتا جس سے کوئی فائدہ نہ ہوتا، اور کبھی اللہ اپنی وحدانیت اور ملک وتدبیر میں اپنی انفرادیت پر کلام کرتاہے ،یعنی :

﴿ مَا ٱتَّخَذَ ٱللَّهُ مِن وَلَدٍ وَمَا كَانَ مَعَهُۥ مِنْ إِلَٰهٍ ﴾ [المؤمنون: ٩١]

"اللہ نے کوئی اولاد نہیں بنائی، اور نہ اس کے ساتھ کوئی معبود ہے"۔

اور دوسری آیت میں مختصر الفاظ اور عظیم معنی کے ساتھ ارشاد فرمایا:

﴿ لَوْ كَانَ فِيهِمَآ ءَالِهَةٌ إِلَّا ٱللَّهُ لَفَسَدَتَا ﴾ [الأنبياء: ٢٢]

"اگر آسمان وزمین میں اللہ کے سوا اور کوئی معبود ہوتا تو آسمان وزمین تباہ ہوچکے ہوتے"۔

ان کے علاوہ دوسرے بہت سے دلائل ہیں، اور اللہ نے اپنے بندوں کے لیے ایسی عبادتیں مشروع کی ہیں، جو نفوس کو سنوارتی اور اس کی صفائی کرتی ہیں، اور تعلقات کو منظم اور قوی کرتی ہیں، اور دلوں کو جوڑتی اور اسے پاکیزہ بناتی ہیں ، اسلام اسی تعلیم کو لے کر نمودار ہوا جس کی دعوت پر تمام رسول متفق تھے ، ارشاد باری ہے:

﴿شَرَعَ لَكُم مِّنَ ٱلدِّينِ مَا وَصَّىٰ بِهِۦ نُوحًا وَٱلَّذِيٓ أَوۡحَيۡنَآ إِلَيۡكَ وَمَا وَصَّيۡنَا بِهِۦٓ إِبۡرَٰهِيمَ وَمُوسَىٰ وَعِيسَىٰٓۖ أَنۡ أَقِيمُواْ ٱلدِّينَ وَلَا تَتَفَرَّقُواْ فِيهِۚ كَبُرَ عَلَى ٱلۡمُشۡرِكِينَ مَا تَدۡعُوهُمۡ إِلَيۡهِۚ ٱللَّهُ يَجۡتَبِيٓ إِلَيۡهِ مَن يَشَآءُ وَيَهۡدِيٓ إِلَيۡهِ مَن يُنِيبُ﴾ [الشوری: ١٣]

"اللہ تعالیٰ نے تمہارے لیے وہی دین مقرر کردیا ہے جس کے قائم کرنے کا اس نے نوح (علیہ السلام) کو حکم دیا تھا، اور جو (بذریعہ وحی) ہم نے تمہاری طرف بھیج دی ہے، اور جس کا تاکیدی حکم ہم نے ابراہیم اور موسیٰ اور عیسیٰ (علیہم السلام) کو دیا تھا کہ اس دین کو قائم رکھنا اور اس میں پھوٹ نہ ڈالنا جس چیز کی طرف آپ انھیں بلا رہے ہیں، وہ تو (ان) مشرکین پر گراں گزرتی ہے، اللہ تعالیٰ جسے چاہتا ہے اپنا برگزیدہ بندہ بناتا ہے ، اور جو بھی اس طرف رجوع کرے وہ اس کی صحیح رہنمائی کرتا ہے"۔

اے اللہ! ہمارے دلوں کو نور ایمان سے منور فرما، اور ہمیں ہمارے نفس اور شیطان کے شر سے پناہ میں رکھ، اور اپنی اطاعت کی ہمیں توفیق دے، اور نافرمانی سے ہمیں بچا، اور اے ارحم الراحمین! اپنی رحمت سے ہم کو اور ہمارے والدین کو اور تمام مسلمانوں کو بخش دے۔

وصلی اللہ علی محمد وعلی آلہ وصحبہ وسلم۔

فصل

تمام انصاف پسند محققین نے اس بات کا اعتراف کیا ہے کہ ہر مفید علم خواہ وہ دینی ہو یا دنیاوی یا سیاسی قرآن نے اسے اچھی طرح واضح کر دیا ہے، چنانچہ اسلامی شریعت میں کوئی ایسی چیز نہیں ہے جس کو عقل محال سمجھتی ہو، بلکہ اس میں وہی باتیں ہیں جن کی صداقت وافادیت ودرستگی کی عقل سلیم شہادت دیتی ہے، اسی طرح اسلام کے تمام احکام عدل و انصاف پر مبنی ہیں، ان میں کسی طرح کی کوئی ظلم وزیادتی نہیں، جس چیز کا بھی اسلام نے حکم دیا وہ سراسر بھلائی یا اس کی طرف لے جانے والی ہے، اور جس چیز سے اس نے منع فرمایا وہ سراسر شر و برائی ہے، یا کم از کم اس کی برائی اس کی اچھائی پر غالب ہے، عقلمند ہوشیار آدمی جب بھی اسلام کے احکامات پر غور کرتا ہے تو اس کا ایمان واخلاص مضبوط ہو جاتا ہے، اور جب وہ اس دین متین کی دعوت پر غور کرتا ہے تو یہ پاتا ہے کہ اسلام مکارم اخلاق کی دعوت دیتا ہے، نیز صدق وصفائی، پاکدامنی اور عدل وانصاف، عہد کی پابندی، امانتوں کی

ادائیگی، یتیم اور مسکین کے ساتھ حسن سلوک، پڑوسی کے ساتھ اچھا برتاؤ، مہمان کی عزت و تکریم، اور اچھے اخلاق سے آراستہ ہونا، میانہ روی اور اعتدال کے ساتھ زندگی کی لذتوں سے لطف اندوز ہونا، نیکی اور تقویٰ کی دعوت دیتا ہے، اور بے حیائی و منکر (خلاف شرع) اور گناہ و زیادتی سے روکتا ہے، وہ صرف انہیں باتوں کا حکم دیتا ہے جس کا فائدہ دنیا کو سعادت و فلاح کی صورت میں حاصل ہوتا ہے، اور انہیں باتوں سے روکتا ہے جو لوگوں میں بد بختی اور نقصان کا باعث ہوتی ہے۔

شرائع اسلام کے محاسن

اور اسلام کے بڑے بڑے شرائع کے محاسن پر غور کرو، یعنی نماز قائم کرنے، زکاۃ ادا کرنے، رمضان کا روزہ رکھنے، اور بیت اللہ کا حج کرنے۔

نماز کے محاسن

جب تم نماز پر غور کرو گے تو تمہیں معلوم ہو گا کہ نماز بندہ اور اللہ کے درمیان ایک خصوصی تعلق ہے، تم اس میں اللہ کے لیے اخلاص اور اس کی طرف توجہ اور ادب و احترام، ثناء و دعا، اور خضوع اور بندہ کی طرف سے اپنے رب کے لیے عظمت و جلال کا مظہر پاؤ گے، اور اپنے آقا و مالک کے لیے تعظیم و تقدیس و کبریائی واجبی طور پر بیان کرنے کی راہ دکھاتا ہے، شان غلامی آقا کے حضور میں ہوتی ہے، آدمی اپنے رب کے سامنے کھڑا ہو کر اعتراف کرتا ہے کہ وہ ہر چیز سے بڑا ہے، اور وہی

عظمت وبزرگی کا مستحق ہے (اللہ اکبر)، پھر بندہ اللہ کے شایان شان اس کی حمد وثنا بیان کرتا ہے، اور بندگی میں صرف اسی کو خاص کرتا ہے، اور اسی سے آہ وزاری کرتے ہوئے مدد کا طالب ہوتا ہے کہ اللہ ہمیں صراط مستقیم کی طرف رہنمائی کر دے، اور ان لوگوں کی راہ دکھلا جن پر تو نے توفیق وہدایت کا انعام کیا، اور ان لوگوں کی راہ سے بچا لے جن پر تیرا غضب نازل ہوا کیونکہ وہ سیدھی راہ کو معلوم کرکے بھی اس سے منحرف ہو گئے، اور اللہ انہیں گمراہ لوگوں کی راہ سے دور رکھے، جو راہ حق سے ہٹ گئے، جنہوں نے اپنی خواہشات اور شیاطین کی غلامی کی۔

اور اس وقت نفس اللہ کی عظمت اور اس کی ہیبت وجلال سے بھر جاتا ہے، اور پھر بندہ اپنے معزز اعضا کے بل اللہ کے حضور سجدہ ریز ہو جاتا ہے، اور ذلت ومسکنت کا اظہار اس ذات کے سامنے کرتا ہے جس کے ہاتھ میں آسمانوں اور زمینوں کی کنجیاں ہیں، دینی حیثیت سے نماز کی خصوصیات دراصل رب العالمین کے سامنے جھکنا، اور اس قاہر وقادر کی عظمت کا اعتراف ہے، اور جب دل اس حقیقت کو اچھی طرح سمجھ جاتا ہے، اور نفس اللہ کی ہیبت سے بھر جاتا ہے، تو آدمی حرام چیزوں سے رک جاتا ہے، اور یہ کوئی تعجب کی بات نہیں کیونکہ نماز کی بابت اللہ کا ارشاد ہے:

﴿إِنَّ ٱلصَّلَوٰةَ تَنۡهَىٰ عَنِ ٱلۡفَحۡشَآءِ وَٱلۡمُنكَرِۗ وَلَذِكۡرُ ٱللَّهِ أَكۡبَرُ﴾ [العنكبوت: ٤٥]

”بلاشبہ نماز بے حیائی وبرائی سے روکتی ہے، بیشک اللہ کاذکر بہت بڑی چیزہے“۔

اور نماز دین ودنیاکے کاموں میں نمازی کی سب سے بڑی معاون ہے، اللہ کا ارشادہے:

﴿وَٱسۡتَعِينُواْ بِٱلصَّبۡرِ وَٱلصَّلَوٰةِۚ﴾ [البقرة: ٤٥]

”صبر اور نماز کے ساتھ مدد طلب کرو“۔

نماز کے دینی ودنیاوی فوائد

نماز دینی امور میں اس طرح معاون ہے کہ بندہ جب نماز کا پابند ہوجاتاہے ،اور اس پر مداومت کرتاہے تو نیکیوں میں اس کی رغبت بڑھ جاتی ہے، اور بندگی آسان ہوجاتی ہے،اور نفس کے اطمینان اور اجر وثواب کے حصول، نیکی کی امید کے جذبے سے احسان کرنے لگتاہے ، اور دنیاوی مصالح میں نماز اس طرح معاون ہے کہ وہ مشقت کوآسان کردیتی ہے، اور مصیبتوں میں تسلی کا ذریعہ بنتی ہے، اور اللہ سبحانہ وتعالی اچھے عمل کرنے والوں کا اجرضائع نہیں کرتا، بلکہ اس کے کاموں کو آسان کرکے اور اس کے مال واعمال میں برکت عطا کرکے اس کو جزادیتاہے۔

اور نمازبا جماعت اداکرنے سے تعارف، ملاقات، محبت ومہربانی اوررحم دلی حاصل ہوتی ہے، اور چھوٹے بڑے میں وقاراور محبت بڑھتی ہے، اوراس سے نماز کی کیفیت کی عملی تعلیم حاصل ہوتی ہے۔

زکاۃ کے فوائد و محاسن

اور زکاۃ کی فرضیت پر غور کرو تم کو بڑے عظیم محاسن نظر آئیں گے، مثلاً فقیروں کی حالت کی سدھار، مسکین کی حاجت روائی، قرض دار کے قرض کی ادائیگی، اہل جود وسخا جیسا اخلاق پیدا ہونا، کمینوں کے اخلاق سے دوری، نیز زکاۃ تھوڑا خرچ کرنے پر بھی دل کو دنیا کی محبت سے پاک کر دیتی ہے، اس سے مال تمام حسی اور معنوی کمیوں وخرابیوں سے محفوظ ہو جاتا ہے نیز زکاۃ سے جہاد فی سبیل اللہ اوران تمام کاموں میں بڑی مدد ملتی ہے جن سے مسلمان بے نیاز نہیں ہوسکتے، اسی طرح سے فقیروں کے حملہ سے بچاؤ ہوتا ہے، اور یہ سماج کی بہترین دوا، اور نفوس کا علاج ہے، اس سے آدمی بخیلی کی رذالت سے پاک وصاف ہو جاتا ہے، اللہ کا ارشاد ہے:

﴿وَمَن يُوقَ شُحَّ نَفْسِهِۦ فَأُوْلَٰٓئِكَ هُمُ ٱلْمُفْلِحُونَ﴾ [الحشر: ۹]

”جو بھی اپنے نفس کے بخل سے بچایا گیا وہی کامیاب (اور بامراد) ہے“۔

زکاۃ کا ایک عظیم فائدہ یہ بھی ہے کہ اگر اسے مالدار صحیح طور پر ادا کریں تو انتہا پسند سوشلزم اور ظالمانہ کمیونزم کی جڑ کٹ جائے، نیز اگر زکاۃ پوری ادا کر دی جائے تو اس سے حکام کو راحت حاصل ہو، اور ان کی کوششیں ان چیزوں پر صرف ہوں جن کا نفع امت کو فلاح اور زندگی کی خوش حال کی شکل میں نمودار ہو۔

روزے کے فوائد و محاسن

روزہ اور اس کے محاسن پر غور کرو، ان محاسن میں سے چند قابل ذکر یہ ہیں:

☆ روزہ انسان میں فقراء کے ساتھ رحم و پیار کی فضیلت اور تنگ دستوں پر رحم دلی کی خوبی پیدا کرتا ہے، کیونکہ انسان جب بھوکا ہوتا ہے تو بھوکے فقیر کو یاد کرتا ہے، اور جب وہ کھانے سے رک جاتا ہے تو اپنے اوپر اللہ کی نعمت کا فضل محسوس کرکے اس کا شکر ادا کرتا ہے۔

☆ روزہ صبر اور بردباری پر نفس کو طاقت ور کرتا ہے، اور یہ دونوں عادات انسان کو ہر اس کام سے روکتی ہیں جس سے غضب بھڑکتا ہے، کیونکہ روزہ آدھا صبر ہے، اور صبر آدھا ایمان ہے۔

☆ روزہ جسم کو فاسد مادوں سے صاف کرتا ہے۔

☆ روزہ نفوس کو سنوارتا ہے، اور روحوں کی صفائی کرتا ہے، جسموں کو پاک کرتا ہے، باطنی قویٰ کی حفاظت اور اسے نقصان دہ چیزوں سے بچانے میں روزہ میں ایک انوکھی تاثیر ہے، ان کے علاوہ روزہ ایک عبادت ہے، اور حکم الٰہی کی فرمانبرداری ہے، اور روزہ میں جو مشقت اٹھانی پڑتی ہے وہ ثواب کی امید، قرب الٰہی اور اجر عظیم کی لالچ میں اللہ کی رضاء کے حصول کے مقابلہ میں اس کی کوئی حیثیت نہیں۔

حج کے فوائد ومحاسن

حج بیت اللہ کے محاسن پر غور کرو کہ حج مسلمان خاندانوں کو جمع کرنیکا سب بڑا ذریعہ ہے ، لوگ دنیا کے مشرق ومغرب سے آکر ایک میدان میں جمع ہوجاتے ہیں، ایک اللہ کی بندگی کرتے ہیں، سب کے دل ایک ہوتے ہیں،اور ان کی روحیں حج میں ایک دوسرے سے مانوس ہوجاتی ہیں، مسلمان دینی میل جول اوروحدت اسلامی کی قوت کو یاد کرتے ہیں ، اور حج میں انبیاء ومرسلین کے حالات اور پاک باز مخلصین کی مقامات کو یاد کیا جاتاہے ، جیساکہ اللہ تعالیٰ کا ارشاد ہے:

﴿ وَاتَّخِذُواْ مِن مَّقَامِ إِبْرَٰهِـۧمَ مُصَلًّى ﴾ [البقرة: ١٢٥]

"تم مقام ابراهیم کو جائے نماز مقرر کرلو"۔

☆ اورحج امام الانبیاء سیدالمرسلین کے حالات اور حج میں ان کے ان مقامات کو جو عظیم ترین مقامات ہیں یاددلاتاہے، اور یہ یاد اعلیٰ ترین یادوں میں سے ہے کیونکہ وہ عظیم ترین رسولوں ابراہیم ومحمد ﷺ کے حالات اور ان کی عظیم الشان یادگاروں، اور ان کی بہترین عبادتوں کو یاددلاتا ہے ، اورجو ان یادگاروں کو یاد کرتاہے وہ رسولوں پر ایمان لانے والا ،اور ان کی تعظیم کرنے والا ہے ، ان کے بلند مقامات سے متاثراور ان کی اور ان کے آثار حمیدہ کی اقتداء کرنے والا ہے، ان کے مناقب وفضائل کو یادکرنے والاہے ، چنانچہ اس سے بندہ کا ایمان اوریقین بڑھ جاتاہے ۔

☆ اور حج کے محاسن میں سے یہ بھی کہ اس سے نفس صاف ہوتا

ہے ، خرچ کرنے کا عادی بنتا ہے، مشقتیں برداشت کرنے کی صلاحیت پیدا ہوتی ہے، زینت اور تکبر چھوڑنے کا عادی ہوتا ہے۔

☆ اور یہ فائدہ بھی ہے کہ آدمی حج میں خود کو دوسروں کے برابر محسوس کرتا ہے، اور وہاں نہ کوئی بادشاہ ہے نہ غلام ،نہ کوئی مالدار ہے نہ فقیر، بلکہ سب برابر ہیں۔

☆ اور حج کے فوائد میں سے یہ بھی ہے کہ سفر حج میں مختلف شہروں میں آنے جانے سے وہاں کے باشندگان کا حال، اور ان کے عادات وتقالید کا علم حاصل ہوتا ہے، اور مہبط وحی اور انبیاء ورسل کے مقامات کی زیارت کرتا ہے۔

☆ حج کی ایک خوبی یہ بھی ہے کہ وہ اس عظیم اجتماع کو یاد دلاتا ہے جو ایک میدان میں واقع ہونے والا ہے جہاں پکارنے والا لوگوں کو سنائے گا، اور نگاہ ان تک پہونچے گی، اور یہ اجتماع میدانِ حشر میں ہوگا۔

﴿يَوْمَ يَقُومُ النَّاسُ لِرَبِّ الْعَالَمِينَ﴾ [المطففين: ٦]

"جس دن لوگ اللہ رب العالمین کے سامنے کھڑے ہوں گے، ننگے پاؤں، ننگے بدن ہوں گے"۔

☆ اور ایک فائدہ یہ بھی کہ نفس، اہل وعیال کی جدائی کا خوگر ہوجائے، کیونکہ ان سے جدا ہونا تو بہرحال ضروری ہے، لیکن اگر ان سے اچانک جدائی ہوجائے تو جدا ہوتے وقت بڑا عظیم صدمہ پہونچتا ہے۔

☆ اور حج کا یک فائدہ یہ بھی کہ حاجی جب سفر کا ارادہ کرتا ہے تو

دورانِ سفر کی تمام ضروریات کے لیے توشہ جمع کرتا ہے ، اسی طرح اس کو سفر آخرت کے لیے بھی توشہ اکٹھا کرنا چاہئے، جو نہایت طویل سفر ہے، جہاں جاکر واپسی نہیں ہے، یہاں تک کہ اللہ اوّلین وآخرین سب کو جمع کردے، حاجی اپنے سفر حج کے دوران اجنبی شہروں میں اپنی ضرورت کا سامان پاسکتاہے، لیکن سفر آخرت میں جن چیزوں کا وہ محتاج ہوگا ان میں سے صرف وہی پائے گا جسے اس نے دنیا میں اپنی آخرت کے لیے جمع کیا ہوگا ، اللہ کا ارشاد ہے:

﴿وَتَزَوَّدُواْ فَإِنَّ خَيْرَ ٱلزَّادِ ٱلتَّقْوَىٰ﴾ [البقرة: ١٩٧]

"اور اپنے ساتھ سفر خرچ لے لیاکرو، سب سے بہتر توشہ اللہ کا ڈر ہے"۔

☆ اور حج کی ایک خوبی یہ بھی ہے کہ حاجی اللہ پر توکل کا عادی ہوجاتاہے کیونکہ یہ ممکن نہیں کہ جن چیزوں کی اسے سفر حج میں ضرورت ہے ان سب کو اپنے ساتھ لے جائے ، لہذا جتنا ساتھ لے جاسکا اس میں، اور نہ لے جاسکا اس میں اللہ پر توکل کرنا ضروری ہے، اس طرح جن چیزوں کی اسے ضرورت ہے سب میں اللہ پر توکل کا وہ عادی ہوجاتاہے۔

☆ اور حج کی ایک اہم خوبی یہ بھی ہے کہ جب حاجی احرام باندھتاہے، توزندوں کا سِلا ہوالباس اتار کر مردوں کے لباس کے مشابہ لباس پہنتاہے ،اس طرح وہ اپنے آگے کی منزل کی تیاری کرتاہے ، ان کے علاوہ دوسرے بہت سے محاسن ہیں جن کا شمار کرنا مشکل ہے۔

جہاد فی سبیل اللہ کے فوائد و محاسن

اس کے بعد تم جہاد فی سبیل اللہ کے محاسن پر غور کرو، جس میں اللہ کے دشمنوں کو ہلاک کیا جاتا ہے ،اور محبانِ رب کی مدد کی جاتی ہے ، کلمہ اسلام کو بلند کیا جاتا ہے، اور کافر کو کفر جیسی قبیح چیز چھوڑنے کی ترغیب دی جاتی، اور سب سے بہتر چیز کی طرف آنے کی رغبت دلائی جاتی ہے،اور جہاد میں آدمی کو جانور کے درجہ سے نکالا جاتا ہے، کافروں کے بارے اللہ تعالیٰ کا ارشاد ہے:

﴿إِنۡ هُمۡ إِلَّا كَٱلۡأَنۡعَٰمِۖ بَلۡ هُمۡ أَضَلُّ سَبِيلًا﴾ [الفرقان: ٤٤]

”یہ جانور جیسے بلکہ ان سے بدتر ہیں“۔

☆ اور جہاد کے فضائل میں یہ بھی ہے کہ مجاہدین کو ابدی زندگی نصیب ہوتی ہے، اس طرح کہ اگر اس نے قتل کیا تو اللہ کے دین کو بلند کیا، اور اگر شہید کیا گیا تو اپنے آپ کو زندہ کرلیا، اللہ تعالیٰ کا ارشاد ہے:

﴿وَلَا تَحۡسَبَنَّ ٱلَّذِينَ قُتِلُواْ فِي سَبِيلِ ٱللَّهِ أَمۡوَٰتَۢاۚ بَلۡ أَحۡيَآءٌ عِندَ رَبِّهِمۡ يُرۡزَقُونَ﴾ [آل عمران: ١٦٩]

”جولوگ اللہ کی راہ میں شہید کئے گئے ہیں، ان کو ہرگز مردہ نہ سمجھیں بلکہ وہ زندہ ہیں، اپنے رب کے پاس روزیاں دیئے جاتے ہیں“۔

☆ جہاد میں مجاہد کو بڑا عظیم ثواب ملتا ہے۔

☆ اور اس سے مسلمانوں کی تعداد بڑھتی اور کفار کی تعداد کم ہوتی ہے۔

☆ اور اس کی سب بڑی خوبی یہ ہے کہ جہاد حکم الٰہی کی فرمانبرداری ہے اللہ کا ارشاد ہے:

﴿وَقَٰتِلُوهُمۡ حَتَّىٰ لَا تَكُونَ فِتۡنَةٞ﴾ [البقرة: ١٩٣]

" ان سے لڑو جب تک کہ فتنہ نہ مٹ جائے "۔

اوراس کا ارشاد ہے:

﴿يَٰٓأَيُّهَا ٱلَّذِينَ ءَامَنُواْ قَٰتِلُواْ ٱلَّذِينَ يَلُونَكُم مِّنَ ٱلۡكُفَّارِ﴾ [التوبة:١٢٣]

" اے ایمان والو! ان کفار سے لڑو جو تمہارے آس پاس ہیں "۔

☆ اور محاسن جہاد میں سے ایک بات یہ بھی ہے کہ فتح ونصرت کی صورت میں مسلمان مال غنیمت پاتے ہیں، شکر کرتے ہیں، اور اپنی طاقت وقوت کا احساس کرتے، اور اگر کفار ان پر غالب آگئے تو سمجھتے ہیں کہ اس کا سبب محض ان کی معصیت اور گناہ ہے، اور ان کی کمزوری اور باہمی نزاع ہے ،ایسی صورت میں وہ اللہ کی طرف توبہ اورگریہ وزاری کے ساتھ پناہ ڈھونڈتے ہیں۔

☆ اورجہاد کی خوبی یہ بھی ہے کہ اس کا چھوڑدیناذلت کا سبب ہے جیساکہ عبداللہ بن عمر رضی اللہ عنہما سے روایت ہے کہ رسول صلی اللہ علیہ وسلم نے فرمایا:

«إِذَا تَبَايَعْتُمْ بِالْعِينَةِ وَأَخَذْتُمْ أَذْنَابَ الْبَقَرِ، وَرَضِيتُمْ بِالزَّرْعِ، وَتَرَكْتُمُ الْجِهَادَ ،سَلَّطَ اللَّهُ عَلَيْكُمْ ذُلًا لَايَنْزِعُهُ حَتَّى تَرْجِعُوا إِلَى دِينِكُمْ». أبوداود/البيوع ٥٦ (٣٤٦٢)، مسند أحمد (٢/٤٢) (صحيح)

”جب تم بیع عینہ کرنے لگو گے، گایوں بیلوں کے دُم تھام لوگے، کھیتی باڑی میں مست و مگن رہنے لگو گے، اور جہاد کو چھوڑ دو گے، تو اللہ تعالی تم پر ایسی ذلت مسلط کر دے گا، جس سے تم اس وقت تک نجات و چھٹکارا نہ پاسکوگے جب تک اپنے دین کی طرف لوٹ نہ آئوگے“۔

☆ اور جہاد کے محاسن میں سے نفاق سے بچنا بھی ہے جیساکہ حدیث میں ہے: «مَنْ مَاتَ وَلَمْ يَغْزُ، وَلَمْ يُحَدِّثْ نَفْسَهُ بِالْغَزْوِ، مَاتَ عَلَى شُعْبَةٍ مِنْ نِفَاقٍ». مسلم/الإمارة ٤٧ (١٩١٠)، نسائي/الجهاد ٢ (٣٠٩٩)، مسند أحمد (٢/٣٧٤)

ابو ہریرہ رضی اللہ عنہ کہتے ہیں کہ نبی اکرم صلی اللہ علیہ وسلم نے فرمایا: ”جو شخص مر گیا، اور اس نے نہ جہاد کیا اور نہ ہی کبھی اس کی نیت کی، تو وہ نفاق کی قسموں میں سے ایک قسم پر مرا“۔

اور دوسری حدیث میں ہے: «مَنْ لَقِيَ اللهَ بِغَيْرِ أَثَرٍ مِنْ جِهَادٍ، لَقِيَ اللهَ وَفِيهِ ثُلْمَةٌ». ترمذي/ فضائل الجهاد ٢٦ (١٦٦٦) ابن ماجه/الجهاد ٥ (٢٧٦٣)، (ضعيف) (اس حدیث کے راوی اسماعیل بن رافع کا حافظہ کمزور تھا)

ابوہریرہ رضی اللہ عنہ کہتے ہیں کہ رسول اللہ صلی اللہ علیہ وسلم نے فرمایا: ”جو شخص جہاد کے کسی اثر کے بغیر اللہ تعالیٰ سے ملے، تو وہ اس حال میں اللہ سے ملے گا کہ اس کے اندر خلل (نقص وعیب) ہو گا“۔

اور دوسری حدیث میں ہے: «مَا تَرك قَوْمٌ الجِهَادَ إلاّ عَمَّهُمُ اللهُ بِالعَذَابِ». (المعجم الأوسط ٤/١٤٨، رقم الحديث: ٣٨٣٩ (صحیح الاسناد)

”جو قوم جہاد کو چھوڑ دے گی، تو اللہ اس پر عذاب کو عام کر دے گا“۔

☆ اور محاسن جہاد میں یہ بھی ہے تکلیف اور آرام کی حالت اور پسند اور ناپسند دونوں حالتوں میں اولیاء اللہ کی بندگی سے لوگوں کو آزاد کرانا اور اس کے علاوہ دوسرے وہ دلائل ہیں جو اعلاء کلمۃ اللہ کے لیے جہاد فی سبیل اللہ کے محاسن کو بیان کرتے ہیں۔

بیع وشراء کے محاسن

اس کے علاوہ شریعت نے معاملات کی بابت جو ہدایات دی ہیں ان پر بھی غور کرو، چنانچہ خرید وفروخت کی خوبی یہ ہے کہ آدمی اپنے کھانے، پینے، پہننے اور رہنے کی ضروریات کو پالیتاہے ،اور اس کی ایک خوبی یہ بھی ہے کہ وہ اس کے حصول کی مسافت کو طے کرتا ہے، اس لیے کہ جو شخص کسی چیز کو اس کی اصلی جگہ سے حاصل کرنا چاہے گا تو اسے سفر اور سواری پر سوار ہونے، اور خطرات برداشت کرنی پڑے گی، اور جب وہ خرید وفروخت کے ذریعہ اس چیز کو پاجائے گا تو خطرات سے محفوظ ہو جائے گا ،اور سفر کی مشقت اس سے دور ہوجائے گی، خیال کرو کہ عود، اور مشک اور موٹر گاڑیاں، اور مشنیں نیز کپڑے، اور الائچی اور شکر وغیرہ کے اصلی مقامات کتنے دور ہیں، تو بندوں پر اللہ کی یہ مہربانی ہے کہ اس نے اپنے بعض بندوں کو بعض کے تابع کردیا ہے، اور شریعت کاملہ نے تمام قسم کے معاملات کا حل پیش کردیا ہے جیسے کرایہ، اور کمپنیوں کے ہاں وہ چیزیں جن کی حرمت پر دلیل واضح ہے مثلاً جن چیزوں میں نقصان، ظلم یا جہالت وغیرہ ہے، چنانچہ

جو شخص شرعی معاملات (لین دین) پر غور کرے گا، تو وہ دیکھے گا کہ امور شریعت دین ودنیا کی بھلائی پر مرتبط ہیں، اور غور کرنے والا گواہی دے گا کہ اللہ کی رحمت، اور اس کا کرم اس کے بندوں پر وسیع ہے، اور اس کی حکمت نے اس کے بندوں کے لیے تمام پاکیزہ چیزوں کو مباح کردیا ہے، اور صرف اسی چیز سے منع کیا جو نجس، اور دین، عقل و بدن یا مال کو نقصان پہنچانے والی ہے۔

کرایہ داری کے فوائد

کرایہ داری کا فائدہ تو یہ ہے کہ معمولی سے عوض اور تھوڑے سے مال کے بدلے لوگوں کی ضرورتیں پوری ہوجاتی ہیں، کیونکہ ہر شخص رہنے کے لیے مکان اور سواری کے لیے گاڑی، اور ہوائی جہاز نہیں رکھ سکتا، اور نہ آٹا پیسنے کے لیے چکی، اور نہ اپنے مالوں کے لیے تجوریاں بناسکتا ہے، اور کئی قسم کی بے شمار چیزوں جن کے لیے کرایہ داری کا جواز پیدا ہوا، اور صلح کے محاسن کا ذکر ضروری نہیں، اس کے بارے میں اللہ تعالیٰ کا یہ ارشاد کافی ہے:

﴿وَالصُّلْحُ خَيْرٌ﴾ [النساء: ۱۲۸]

"صلح ہی میں خیر ہے"۔

وکالت اور کفالت کی خوبیاں

ان دونوں میں وہ نیکیاں ہیں جو کسی پر مخفی نہیں، چاہے وہ شریعت کا

معتقد ہو یا نہ ہو، اور شریعت کو سمجھتا ہو یا نہ سمجھتا ہو، بہر حال اسے وکالت اور کفالت کی ضرورت ہے کیونکہ اللہ تعالیٰ نے لوگوں کو پیدا کیا، اور انہیں قصد وارادہ میں مختلف بنایا، نہ تو ہر شخص خود کام کرنا چاہتا، اور نہ ہر شخص کو معاملات کی حقیقت تک رسائی ہوتی ہے، چنانچہ یہ اللہ کا کرم ہے کہ اس نے اپنی مخلوق میں وکالت اور کفالت کو مباح قرار دیا، اس لیے صاحب معاملہ حضرات سارے خرید وفروخت کا کام خود سے کریں یہ ان کے شایاں شان نہیں، کیونکہ نبی اکرم ﷺ نے سنت تواضع کی تعلیم اور اس کے جواز کو بیان کرنے کے لیے بعض کاموں کو خود کیا، اور بعض کاموں کو دوسرے کے سپرد کیا ہے، چنانچہ قربانیاں خود بھی کیں ہیں، اور علی رضی اللہ عنہ کو بھی اپنے قربانی کے جانور کو ذبح کرنے کے لیے سونپا۔

☆ اور کفالت کی خوبی یہ ہے کہ اس میں نرمی اور پیار اور بھائی چارگی کے حقوق کی رعایت کی گئی ہے، ایک کی ذمہ داری دوسرے کے حوالہ کی جاتی ہے، جس سے ذمہ داری قبول کرنے والے کو خوشی ہوتی ہے، اور ذمہ داری دینے والے کا دل وسعت کے سبب پرسکون ہوتا ہے اللہ تعالیٰ کا ارشاد ہے:

﴿وَمَا كُنتَ لَدَيْهِمْ إِذْ يُلْقُونَ أَقْلَامَهُمْ أَيُّهُمْ يَكْفُلُ مَرْيَمَ﴾

[آل عمران: ٤٤]

"تو ان کے پاس نہ تھا جب کہ وہ اپنے قلم ڈال رہے تھے کہ مریم کو ان میں سے کون پالے گا"۔

یہاں تک کہ ان کا کفیل زکریا علیہ السلام کو بنایا جیسا کہ اللہ کا ارشاد ہے:

﴿وَكَفَّلَهَا زَكَرِيَّا﴾ [آل عمران: ٣٧]

"اور زکریا علیہ السلام نے ان کی کفالت کی"۔

اور جب تم وکالت اور کفالت کے محاسن جان گئے، تو تم کو یہ احساس ہو گا کہ حوالہ کے محاسن واضح ہیں، حوالہ میں وکالت اور کفالت دونوں شامل ہیں، مزید یہ بھی ہے کہ صاحب حاجت کی ذمہ داری طویل پریشانی سے ختم ہو جاتی ہے، جب تم نے اس کا حوالہ قبول کر لیا، تو اپنے بھائی کی ذمہ داری پوری کی، اور اس کے دل میں خوشی پیدا کر دی، اور ایک مسلمان کے دل میں خوشی پیدا کرنے کا کیا اجر و ثواب ہے وہ تم پر مخفی نہیں۔

شفعہ کی خوبی

شفعہ کی خوبی یہ ہے کہ پڑوسی بسا اوقات اس بیچے گئے حصہ کا ضرورت مند ہوتا ہے، بایں طور کہ گھر تنگ ہو، اور وہ اس کو وسیع کرنا چاہتا ہو یا وہ مشترک زمین اس کے کھیت کے قریب میں واقع ہو، اور کھیتی والا اس زمین کا محتاج ہو۔

☆ اور شفعہ کی ایک خوبی یہ بھی ہے کہ اس سے پڑوسی اور شریک کے حق کی عظمت کا پتا چلتا ہے، اس طرح کہ دوسروں کے مقابلہ میں پڑوسی کو اپنے پڑوس کی جگہ خریدنے کا پہلا حق حاصل ہے۔ البتہ وہ اپنا حق خریدنے سے انکار کر دے، تو اور بات ہے۔

☆ ایک فائدہ اس کا یہ بھی ہے کہ پڑوسی کے نقصان کو شفعہ کے حق کے ذریعہ دور کردیا جاتا ہے، اور رسول ﷺ کا ارشاد ہے: «لا ضَرَرَ وَلا ضِرَارَ». ابن ماجه/ الأحكام ١٧ (٢٣٤١)، مسند أحمد (٣١٣/١) (صحیح)

"کسی کو نقصان پہنچانا جائز نہیں، نہ ابتداءً نہ مقابلۃً"۔

یعنی اسلام میں یہ جائز نہیں کہ کوئی دوسرے کو تکلیف پہونچائے، اور نہ دوسرا اس کو تکلیف پہونچائے اور اس میں کسی کو شک نہیں ہوسکتا ہے کہ پڑوس کی وجہ سے مستقل طور پر کسی کو تکلیف پہونچانے کے ضرر کو دور کر دینا نہایت اچھی بات ہے، مثلاً آگ جلانے کی تکلیف، دیوار اونچی کرنے کی تکلیف، دھواں اور گرد وغبار پھیلانے کی تکلیف، اور ان سب سے بڑھ کر ٹیلی ویژن اورریڈیو کی آواز کی تکلیف، اور ایسی چیزوں کا پیدا کرنا جس سے پڑوسی کی جائداد کو نقصان پہونچے وغیرہ وغیرہ۔

امانت کی ادائیگی کی خوبی

اس کی خوبی واضح ہے کہ اس میں اللہ کے بندوں کے مالوں کی حفاظت کے لیے ان کی مدد کرنا، اور امانت کی ادائیگی عملاً اورشرعا نہایت معزز خصلت ہے۔

☆ اور اس کی ایک خوبی یہ بھی ہے کہ اس کے ذریعہ اللہ کے بندوں کے ساتھ نیکی کی جاتی ہے، اور نیکی کرنے والوں کو اللہ پسند کرتا ہے۔

☆ اور ایک فائدہ یہ بھی ہے کہ اس سے مسلمانوں کے درمیان الفت وبھائی چارگی پیدا ہوتی ہے، اور یہ ایک دوسرے کی محبت کا ذریعہ ہے۔

حسن معاشرت کا حکم

اسلام کے محاسن میں سے یہ بھی ہے کہ اس نے شوہر کو بیوی کے ساتھ بدسلوکی سے منع کیا ہے، اور شوہر کو حکم دیا ہے کہ وہ بیوی کا اچھائیوں اور برائیوں کے درمیان موازنہ کرے ،اور اگر دونوں برابر ہوں تو برائیوں کو نظرانداز کردے، جب کہ اس کی خوبیاں اس میں موجود ہوں کیونکہ برائیاں محض عورت کی کمزوری کی بناء پر ہوتی ہیں، رسول اللہ ﷺ کا ارشاد ہے: «لا يَفْرَكْ مُؤْمِنٌ مُؤْمِنَةً، إِنْ كَرِهَ مِنْهَا خُلُقًا رَضِيَ مِنْهَا آخَرَ، أَوْ قَالَ: غَيْرَهُ». (مسلم / لنكاح ١٨ (١٤٦٩)

"کوئی مومن مرد کسی مومن عورت سے بغض نہ رکھے اگر اس کی ایک عادت ناپسند ہو گی تو دوسری عادت پسند ہو گی ، یا آپ ﷺ نے فرمایا: "اس کے سوا دوسری عادت پسند ہوگی"۔

ترکہ کے محاسن

فرائض اورمال کا وارثوں میں تقسیم کرنا تو اللہ تعالیٰ نے اسے خود ہی مقرر کیا ہے، وارثوں کے قرب اور بعد اور نفع کو جانتے ہوئے، اور اس اعتبار سے کہ بندے کے ساتھ نیکی کا کونسا طریقہ بہتر ہے، اور فرائض کی ایسی بہتر ترتیب فرمائی ہے کہ عقل صحیح اس کے اچھے ہونے کی

گواہی دیتی ہے، اگر جائداد کی تقسیم لوگوں کی رائے ، ان کی خواہشات، اور ارادوں پر چھوڑدی جاتی تو اس کی وجہ سے بڑا خلل اور اختلاف اور بد نظمی اور بدانتخابی پیدا ہوتی ۔

☆ اور اس کے محاسن میں سے یہ بھی ہے کہ اس سے حقیقی سبب کو نسب کے ساتھ ملادیا ہے، اور یہ سبب باہمی نکاح اور ولاء ہے، اور جب اللہ تعالیٰ نے عقد نکاح کو محبت، الفت، اور ازدواج اور لوگوں کے درمیان انسیت کا ذریعہ بنایاہے، تو یہ کوئی اچھی بات نہیں کہ زوجین میں سے جب کسی کی موت ہو تو زندہ رہنے والے کو مرنے والے کی جدائی کا صدمہ اٹھانا پڑے، اور اسے جدا ہونے والی کوئی چیز نہ ملے، نیز اس وراثت میں اللہ نے شوہر کو عورت کے مقابلے میں دوگنا حصہ دیاہے۔

☆ اوراس کے محاسن میں سے یہ بھی ہے کہ اس نے الگ الگ دین ہوجانے کی صورت میں وراثت نہیں دی ہے ، چنانچہ مسلمان کی موت پر اس کا کافر رشتہ دار خواہ وہ کتنا ہی قریبی ہو مسلمان کا وارث نہیں ہوگا، کیونکہ اگرچہ وہ رشتہ میں قریب ہے لیکن دین میں اس سے بہت دور ہے، اور اس لیے بھی کہ کافر مردہ کے برابر ہے، اور مردہ دوسرے مردے کا وارث نہیں ہوسکتا، کافر کے بارے میں اللہ کا ارشادہے:

﴿ أَوَمَن كَانَ مَيْتًا فَأَحْيَيْنَٰهُ وَجَعَلْنَا لَهُۥ نُورًا يَمْشِى بِهِۦ فِى ٱلنَّاسِ ﴾

[الأنعام: ١٢٢]

”ایسا شخص جو پہلے مردہ تھا پھر ہم نے اس کو زندہ کردیا، اور ہم نے اس کو ایک ایسانور دے دیا کہ وہ اس کو لیے ہوئے آدمیوں میں چلتا پھرتا ہے“۔

دوسری جگہ ارشاد فرمایا:

﴿ يُخْرِجُ ٱلْحَىَّ مِنَ ٱلْمَيِّتِ وَيُخْرِجُ ٱلْمَيِّتَ مِنَ ٱلْحَيِّ ﴾ [الروم:١٩]

” وہی زندہ کو مردہ سے، اورمردہ کوزندہ سے نکالتاہے“۔

رہا کافرتو کافر کا وارث ہوسکتاہے کیونکہ ان کا حال ومال دونوں برابرویکساں ہے ۔

ہبہ کے محاسن

کسی چیز کا ”ہبہ“ کرنا مستحب ہے، بشرطیکہ اس سے اللہ کی رضا مقصود ہو، اور اس کا اصول اجماع ہے جیساکہ اللہ کا ارشادہے:

﴿ فَإِن طِبْنَ لَكُمْ عَن شَيْءٍ مِّنْهُ نَفْسًا فَكُلُوهُ هَنِيٓـًٔا مَّرِيٓـًٔا ﴾ [النساء: ٤]

” اگرعورتیں خود اپنی خوشی سے کچھ مہر چھوڑدیں تو اسے شوق سے خوش ہو کر کھالو“۔

نیز فرمایا:

﴿وَءَاتَى ٱلْمَالَ عَلَىٰ حُبِّهِۦ ﴾ [البقرة: ١٧٧]

”مال سے سے محبت کرنے کے باوجودمال دے دے“۔

اوراللہ تعالیٰ نہایت کریم، بڑا سخی اور خوب عطاکرنے والا ہے ۔

ہدیہ وتحفہ کے فوائد

اورہدیہ کے محاسن میں سے یہ بھی ہے کہ وہ باہمی محبت اور دوستی کا ذریعہ ہے، جیساکہ حدیث میں ہے: «تهادوا كما تحابوا » (مؤطا امام مالك /حسن الخلق ٤ (١٦) (صحیح)

”آپس میں ہدیہ دو ایک دوسرے کو محبوب بن جاؤگے“۔

اور اس کی ایک خوبی یہ بھی ہے کہ وہ کینہ کو دور کرتا ہے، اور حدیث میں: «تهادوا كما فإن الهدية تسل السخمية». مختصرمسند البزار ج ١، ح ٩٣١، مجمع البحرين في زوائد المعجمين (٢٠٥١) (ضعيف الاسناد)

”ایک دوسرے کو ہدیہ دو کیونکہ ہدیہ کینہ کو دور کرتا ہے“۔

اور نبی اکرم ﷺ نے نجاشی کو کپڑوں کا جوڑا اور مشک کی ڈبیہ ہدیہ میں پیش کی، اور رسول اللہ ﷺ خود بھی ہدیہ قبول فرماتے ،اور اس کا بدلہ دیتے تھے۔

☆ اور ہدیہ کی ایک خوبی یہ بھی ہے کہ وہ تعلقات کو مضبوط کرتا ہے، اورجب تعلق مضبوط ہوجاتاہے تو امت کے قدم جم جاتے ہیں، چنانچہ امت کے افراد کے درمیان بہترین تعلق اس کی کامیابی کی راز ہے۔

☆ اور ہدیہ کی ایک خوبی یہ بھی ہے کہ اس سے ہدیہ دینے والوں کے درمیان اعتماد بڑھتاہے، اور ان کے علاوہ بھی ہدیہ کے بہت سے محاسن ہیں۔

نکاح کے محاسن

نکاح کرنا مستحب ہے، اور اس کے محاسن بہت ہیں:

☆ اہم خوبی یہ ہے کہ اس سے شرمگاہ کی حفاظت ہوتی ہے، اور اس سے بیوی کی بھی حفاظت ہوتی ہے، اس کے حقوق ادا ہوتے ہیں، اور نکاح تمام رسولوں کا طریقہ اور سنت رہا ہے۔

☆ اس کی خوبی یہ ہے کہ اس کے ذریعہ امت بڑھتی ہے، اور نسل میں اضافہ ہوتا ہے، اور اس کے ذریعہ نبی اکرم ﷺ کا فخر پورا ہوتا ہے، اور اس سے مرد کی خانگی ضرورت مثلاً کھانا پکانا وغیرہ پوری ہوتی ہے، اور اس سے گھر اور اولاد کی نگرانی بھی ہوتی ہے، اور نکاح کے ذریعہ مرد بیوی سے سکون واطمینان قلب پاتا ہے، اور اس سے انسیت حاصل کرتا ہے، اور اس کے ساتھ زندگی بسر کرتا ہے، اور دوسری بہت سی مصلحتیں پوری ہوتی ہیں۔

طلاق کی اہمیت

طلاق کی خوبی یہ ہے کہ اللہ تعالیٰ نے اس کا حق صرف شوہر کو عطا کیا ہے، اور یہ تین طلاقوں کے بعد عورت قطعی طور پر حرام ہو جاتی ہے، کیونکہ جو شخص تین مرتبہ طلاق دیتا ہے، وہ اپنی بہتری بیوی سے جدائی ہی میں پاتا ہے، اور شریعت نے تین بار طلاق پائی ہوئی عورت کو حلال کرنے کے لیے اس کا دوسرے سے نکاح ہونا، اور اس کے ساتھ دخول کرنا ضروری

قرار دیا ہے، تاکہ اس کڑی شرط کی وجہ سے شوہر اپنی تین بار طلاق دی ہوئی عورت کو دوبارہ نہ لوٹا سکے، اور اس کی جدائی ہی میں اپنی بہتری سمجھے۔

☆ اور اس کی ایک خوبی یہ بھی ہے کہ شریعت نے طلاق کے ذریعہ بیوی کو دائمی طور پر حرام نہیں کردیا ہے کہ اس کو دوبارہ نکاح میں لانا ناممکن ہو، کیونکہ بسا اوقات مرد مطلقہ بیوی کی جدائی کو برداشت نہیں کرسکتا، اور اس کی خاطر ہلاک ہوجاتا ہے، لہذا شریعت نے اس کو دوبارہ حاصل کرنے کے لیے یہ طریقہ رکھا ہے کہ عورت دوسرے مرد سے شادی کرکے اس کی لذت حاصل کرلے (دوسرا مرد بھی اس سے لذت حاصل کرلے)۔

البتہ حلالہ کے ذریعہ عورت کو حاصل کرنا جائز نہیں، کیونکہ حدیث میں ہے: « لَعَنَ اللَّهُ الْمُحَلِّلَ، وَالْمُحَلَّلَ لَهُ ». أبو داود/النكاح ١٦ (٢٠٧٦)، ترمذي/النكاح ٢٧ (١١١٩)، ابن ماجه/النكاح ٣٣ (١٩٣٥)، مسند أحمد (١/٨٧، ١٠٧، ١٢١، ١٥٠، ١٥٨) (صحیح)

علی رضی اللہ عنہ کہتے ہیں کہ نبی اکرم ﷺ نے فرمایا: "حلالہ کرنے والے اور کرانے والے دونوں پر اللہ نے لعنت کی ہے"۔

☆ اور طلاق کی خوبی اور سنت یہ ہے کہ وہ اس طہر میں دی جاتی ہے جس میں بیوی سے جماع نہ کیا گیا ہو، اس لیے کہ اگر صحبت کے بعد طلاق دی جائے تو مطلقہ کی طرف طبعاً میلان کم ہوجائے گا، اس طرح مرد معمولی سی بات اور تھوڑی سی تکلیف پر بھی بیوی سے جدائی پر تیار ہوجائے گا، آدمی جب کسی چیز سے آسودہ ہوجاتا ہے تو وہ چیز اسے معمولی معلوم ہوتی ہے،

اور وہ چیز اس کی نگاہ سے گر جاتی ہے، اور جب اس کا بھوکا ہوتا ہے تو اس کی قدر دل میں بڑھ جاتی ہے، تو طلاق آسودگی کی حالت میں نہیں ہوتی، اور بسا اوقات آدمی طلاق پر نادم ہوتا ہے، اور طلاق توڑنا چاہتا ہے۔

☆ طلاق حسن مسنون یہ ہے کہ آدمی اپنی بیوی کو اس طہر میں طلاق دے جس میں اس نے اس سے جماع نہ کیا ہو، کیونکہ مرد کے کمال رغبت اور بیوی کی طرف پورے میلان کا یہ وقت ہوتا ہے، بظاہر ایسی حالت میں طلاق جیسے فعل کا اقدام کسی خاص ضرورت ہی کے تحت کیا جاسکتا ہے لہذا ایسی طلاق کی اجازت دی گئی ہے۔

☆ طلاق کی ایک خوبی یہ بھی ہے کہ شریعت نے ہنسی مذاق میں دی ہوئی طلاق کو بھی سچ مچ نافذ کر دیا ہے، رسول اللہ ﷺ کا ارشاد ہے:

«ثَلَاثٌ جِدُّهُنَّ جِدٌّ وَهَزْلُهُنَّ جِدٌّ: النِّكَاحُ، وَالطَّلَاقُ، وَالرَّجْعَةُ». (أبو داود/ النكاح ٩ (٢١٩٤)، ترمذي/الطلاق ٩ (١١٨٤)، ابن ماجه/الطلاق ١٣ (٢٠٣٩)، (حسن)

"تین چیزیں ایسی ہیں کہ انہیں چاہے سنجیدگی سے کیا جائے یا ہنسی مذاق میں ان کا اعتبار ہوگا، وہ یہ ہیں: نکاح، طلاق اور رجعت"۔

جب آدمی کو معلوم ہو جائے گا کہ یہ چیزیں خواہ مذاق ہی سے سہی منہ سے بولنے ہی سے سچ مچ واقع ہو جائیں گی، تو وہ اگر سمجھدار ہوگا تو ان کے کہنے سے ان شاء اللہ باز رہے گا۔

قصاص کی اہمیت وفوائد

اور قصاص اور سزاؤں کی فرضیت کی خوبی یہ ہے کہ اس سے باغی نفوس اور بے رحم قلوب جو رحمت وشفقت سے خالی ہیں برائی اور جرائم سے باز آجائیں۔

☆ اور اس کا فائدہ یہ بھی ہے کہ سرکش جماعتوں کو اس کا سبق سکھایا جاتا ہے چنانچہ ایک قاتل کے قتل اور ایک چور کے ہاتھ کاٹے جانے کا فیصلہ خونریزی سے بچاتا ہے، اللہ کا ارشاد ہے: وَلَكُمْ فِي الْقِصَاصِ حَيَاةٌ [البقرة: ١٧٩] "اور تمہارے لیے قصاص میں زندگی ہے"۔

اور چور کے ہاتھ کاٹنے سے مال کی حفاظت ہوتی ہے، لوگ بے خوف اور مطمئن ہوکر زندگی بسر کرتے ہیں۔ اللہ تعالیٰ کا ارشاد ہے:

﴿وَالسَّارِقُ وَالسَّارِقَةُ فَاقْطَعُوا أَيْدِيَهُمَا جَزَاءً بِمَا كَسَبَا نَكَالًا مِّنَ اللَّهِ وَاللَّهُ عَزِيزٌ حَكِيمٌ﴾ [المائدة: ٣٨]

"چوری کرنے والے مرد اور عورت کے ہاتھ کاٹ دیا کرو، یہ بدلہ ہے اس کا جو انھوں نے کیا عذاب اللہ کی طرف سے، اور اللہ تعالیٰ قوت وحکمت والا ہے"۔

زنا اور اس کے پیش خیموں جیسے اجنبی عورت کی طرف دیکھنا اس کے ساتھ تنہائی میں بیٹھنا، اور بوسہ لینا، اور چھونا وغیرہ کو حرام قرار دیا ہے، اوربرسر عوام زانی کے رجم اور لوطی کے قتل کا حکم دیا ہے، اور

غیر شادی شدہ زانی کو سو کوڑے مارنے، اور جلاوطن کرنے کا حکم دیا ہے، یہ سارے احکامات محض اس لیے ہیں کہ نسب اور آبرو کی حفاظت ہو، اور اخلاق محفوظ رہیں، اور امت تباہی وبربادی سے بچ جائے۔

شراب کی حرمت اور اس کی حکمت

اور شریعت نے شراب کو حرام قرار دیا، اور اسے تمام برائیوں کی جڑ بتایا، اور اس کے پینے والے کو کوڑے مارنے کا حکم دیا کیونکہ اس نے نقائص اور خسائس کا ارتکاب کیا ہے، یہ سب محض اس لیے کہ عقل درست رہے، اور مال بربادی سے بچا رہے، اور شرف واخلاق صاف وستھرا باقی رہے۔

اے اللہ! ہمارے دلوں کو اپنی محبت واطاعت پر چلا، اور ہمیں دنیا و آخرت کی زندگی میں اپنے مضبوط قول پر ثابت رکھ، اور اپنے ذکر اور شکر کی ہمیں توفیق عطا فرما، اور دنیا و آخرت میں ہمیں بھلائی عطا کر، جہنم کے عذاب سے ہمیں بچا، اے ارحم الراحمین اور اپنی رحمتِ خاص سے ہمیں اور ہمارے والدین اور تمام مسلمانوں کو بخش دے۔

وصلى الله على محمد وعلى آله وصحبه وسلم.

اسلام کے محاسن کا سرسری جائزہ

مشورہ کا حکم

☆ اسلام کے محاسن میں سے ایک یہ بھی ہے کہ اس نے مشورہ لینے، اور جب وہ درست اور عقل ومنطق وتجربے کے مطابق ہو تو اس کو قبول کرنے کی ترغیب دی ہے، اللہ کا ارشاد ہے:

﴿وَأَمْرُهُمْ شُورَىٰ بَيْنَهُمْ﴾ [الشوری: ۳۸]

"اور ان کا ہر کام آپس کے مشورے سے ہوتا ہے"۔

تقویٰ اپنانے کی ترغیب

☆ اوراسلام کے محاسن میں سے یہ بھی ہے کہ (تعلیم اسلام کے مطابق) اللہ کے نزدیک سب سے افضل آدمی وہ ہے جو صلاح اور تقویٰ میں سب سے بہتر ہو، جیساکہ اللہ کا ارشاد ہے:

﴿إِنَّ أَكْرَمَكُمْ عِندَ اللَّهِ أَتْقَاكُمْ﴾ [الحجرات: ۱۳]

"اللہ کے نزدیک تم میں سے باعزت وہ ہے جو سب سے زیادہ ڈرنے والا ہے"۔

☆ اوراسلام کے محاسن میں سے یہ ہے کہ اس نے غلاموں کو آزاد کرنے، اور ان کے ساتھ اچھا سلوک کرنے کی ترغیب دی ہے۔

☆ اور محاسن اسلام میں سے ہے پڑوسی کے ساتھ حسن سلوک کرنا، مہمان کی تکریم کرنا، اور یتیم و مسکین کی خبر گیری کرنا۔

باہمی محبت کی ترغیب

☆ اور اسلام کے محاسن میں سے یہ بھی ہے کہ وہ لوگوں کو باہمی الفت ومحبت، صفائے قلب اور تعاون کرنے کی تاکید کرتا ہے، رسول اللہ ﷺ کا ارشاد ہے: «الْمُؤْمِنُ لِلْمُؤْمِنِ كَالْبُنْيَانِ، يَشُدُّ بَعْضُهُ بَعْضًا». (بخاري/الصلاة ٨٨ (٤٨١)، مسلم/البر والصلة ١٧ (٢٥٨٥)

"ایک مومن دوسرے مومن کے لیے عمارت کی طرح ہے، جس کا ایک حصہ دوسرے حصہ کو مضبوط کرتا ہے"۔

☆ اسلام کے اہم خوبیوں میں سے یہ ہے کہ وہ اختلاف، کراہیت، فرقہ بندی کی مذمت کرتا ہے، جیسا کہ اللہ تعالیٰ نے فرمایا:

﴿ وَٱعْتَصِمُواْ بِحَبْلِ ٱللَّهِ جَمِيعًا وَلَا تَفَرَّقُواْ ﴾ [آل عمران: ١٠٣]

"اوراللہ تعالیٰ کی رسی کو سب مل کر مضبوط تھام لو، اور پھوٹ نہ ڈالو"۔

چغل خوری وظلم کی مذمت

اسلام کے محاسن میں سے یہ بھی ہے کہ وہ چغلی ، غیبت، حسد، عیب جوئی، جھوٹ وخیانت سے روکتا ہے، اس مضمون کے متعلق آیات واحادیث بہت ہیں جنھیں تلاش کرنے پر پاجاؤ گے۔

☆ اور اسلام کے محاسن میں سے یہ بھی ہے کہ وہ ظلم سے منع کرتاہے، اور دور ونزدیک والوں کے ساتھ انصاف کرنے کا حکم دیتاہے، اللہ کا ارشادہے:

﴿ يَٰٓأَيُّهَا ٱلَّذِينَ ءَامَنُواْ كُونُواْ قَوَّٰمِينَ لِلَّهِ شُهَدَآءَ بِٱلْقِسْطِ ۖ وَلَا يَجْرِمَنَّكُمْ شَنَـَٔانُ قَوْمٍ عَلَىٰٓ أَلَّا تَعْدِلُواْ ۚ ٱعْدِلُواْ ﴾ [المائدة: ٨]

" اے ایمان والو! تم اللہ کی خاطر حق پر قائم ہوجاؤ، راستی اورانصاف کے ساتھ گواہی دینے والے بن جاؤ، کسی قوم کی عداوت تمہیں خلاف عدل پر آمادہ نہ کردے، عدل کیا کرو "۔

نیز فرمایا:

﴿ إِنَّ ٱللَّهَ يَأْمُرُ بِٱلْعَدْلِ وَٱلْإِحْسَٰنِ ﴾ [النحل: ٩٠]

"اللہ تعالیٰ عدل وبھلائی کرنے کا حکم دیتاہے"۔

صلح جوئی کے محاسن

اسلام کے محاسن میں یہ بھی ہے کہ زیادتی کرنے والے کے ساتھ درگزر کرنے کا حکم دیتا ہے۔

ارشاد ہے:

﴿ وَلْيَعْفُوا۟ وَلْيَصْفَحُوٓا۟ ﴾ [النور: ٢٢]

"چاہئے کہ معاف کردیں اور درگزر فرمائیں"۔

اور فرمایا:

﴿ ٱدْفَعْ بِٱلَّتِى هِىَ أَحْسَنُ ﴾ [المؤمنون: ٩٦]

"برائی کو اس طرح دور کریں جو سراسر بھلائی والا ہو"۔

اور فرمایا:

﴿ وَأَن تَعْفُوٓا۟ أَقْرَبُ لِلتَّقْوَىٰ ﴾ [البقرة: ٢٣٧]

"تمہارا معاف کردینا تقویٰ سے بہت قریب ہے"۔

☆ اسلام کے محاسن میں سے یہ بھی ہے کہ وہ دو بھائیوں کے درمیان صلح کرنے کی دعوت دیتا ہے، اور جدائی سے منع کرتا ہے، اللہ تعالیٰ کا ارشاد ہے:

﴿ إِنَّمَا ٱلْمُؤْمِنُونَ إِخْوَةٌ فَأَصْلِحُوا۟ بَيْنَ أَخَوَيْكُمْ ﴾ [الحجرات: ١٠]

"سارے مسلمان بھائی بھائی ہیں، پس اپنے دو بھائیوں میں ملاپ کرادیا کرو"۔

قطع تعلق کی مذمت

اسلام کی خوبیوں میں سے یہ بھی ہے کہ وہ ایک دوسرے کا بائیکاٹ کرنے، اس سے منہ پھیرنے، کینہ اور حسد کرنے سے روکتا ہے رسول اللہ ﷺ کا ارشاد ہے: لاَ تَقَاطَعُوا، وَلاَ تَدَابَرُوا، وَلا تَبَاغَضُوا، وَلا تَحَاسَدُوا». (بخاري/الأدب ٥٧ (٦٠٦٥)، مسلم/البر والصلة ٧ (٢٥٥٩)

"آپس میں قطع تعلق نہ کرو، ایک دوسرے سے بے رخی نہ اختیار کرو، باہم دشمنی و بغض نہ رکھو، ایک دوسرے سے حسد نہ کرو"۔

تمسخر کی ممانعت

اسلام کے محاسن میں سے یہ بھی ہے کہ وہ لوگوں کا مذاق اڑانے، اور ان کے عیوب کو ذکر کرنے سے منع کرتا ہے، اللہ کا ارشاد ہے:

﴿يَٰٓأَيُّهَا ٱلَّذِينَ ءَامَنُواْ لَا يَسۡخَرۡ قَوۡمٞ مِّن قَوۡمٍ﴾ [الحجرات: ١١]

" اے ایمان والو! مرد دوسرے مردوں کا مذاق نہ اڑائیں "۔

☆ اور اسلام کے محاسن میں سے یہ بھی ہے کہ وہ اس بات سے روکتا ہے کہ کوئی اپنے بھائی کے لین دین پر اپنا لین دین کرے، اور

اپنے بھائی کے پیغام نکاح پر اپنا پیغام بھیجے، یہ اسی صورت میں جائز ہے جب اس کی اجازت دی جائے، یا معاملہ کو ختم کردیا جائے، ورنہ اس سے عداوت اور علحدگی پیدا ہوگی۔

سلام کرنے کا حکم

اسلام کے محاسن میں سے یہ بھی ہے کہ اس نے یہ مشروع کیا ہے کہ ایک مسلمان دوسرے مسلمان کو سلام کرے، خواہ اس کو پہچانتا ہو یا نہ پہچانتا ہو، اور اس نے حکم دیا ہے کہ سلام کا جواب اس سے بہتر دیا جائے، یا انہی الفاظ میں لوٹادیا جائے، اللہ تعالیٰ کا ارشاد ہے:

﴿ وَإِذَا حُيِّيتُم بِتَحِيَّةٍ فَحَيُّوا۟ بِأَحْسَنَ مِنْهَآ أَوْ رُدُّوهَآ ﴾ [النساء:٨٦]

"اور جب تمہیں سلام کیا جائے تو تم اسے اچھا جواب دو، یا انہی الفاظ کو لوٹادو"۔

افواہ کی تحقیق کا حکم

اسلام کے محاسن میں سے یہ بھی ہے کہ اس نے حکم دیا کہ سنی ہوئی بات کی تحقیق کریں، اللہ کا ارشاد ہے:

﴿ يَٰٓأَيُّهَا ٱلَّذِينَ ءَامَنُوٓا۟ إِن جَآءَكُمْ فَاسِقٌۢ بِنَبَإٍ فَتَبَيَّنُوٓا۟ أَن تُصِيبُوا۟ قَوْمًۢا بِجَهَٰلَةٍ فَتُصْبِحُوا۟ عَلَىٰ مَا فَعَلْتُمْ نَٰدِمِينَ ﴾ [الحجرات: ٦]

"اے مسلمانو! اگر تمہیں کوئی فاسق خبر دے تو تم اس کی اچھی طرح

تحقیق کرلیا کرو، ایسا نہ ہو کہ نادانی میں کسی قوم کو ایذاء پہونچادو، پھر اپنے کئے پر پشیمانی اٹھاؤ"۔

نیز فرمایا:

﴿وَلَا تَقْفُ مَا لَيْسَ لَكَ بِهِۦ عِلْمٌ﴾ [الإسراء: ٣٦]

"جس بات کی تمہیں خبر نہ ہو اس کے پیچھے مت پڑو"۔

جامد پانی میں پیشاب کرنے اور مومن کو ایذاء پہنچانے کی ممانعت

اسلام کے محاسن میں سے یہ بھی ہے کہ اس نے جمے ہوئے پانی میں پیشاب کرنے سے منع کیا، یہ اس لیے کہ حکم الٰہی کے مطابق بیماریوں اور نجاست سے بچا جائے، اور صحت کا اہتمام کیا جائے۔

☆ اور اسلام کے محاسن میں سے یہ بھی ہے کہ اس نے ایمان والوں کو نقصان اور تکلیف پہونچانے سے منع کیا ہے، اللہ کا ارشاد ہے:

﴿وَٱلَّذِينَ يُؤْذُونَ ٱلْمُؤْمِنِينَ وَٱلْمُؤْمِنَٰتِ بِغَيْرِ مَا ٱكْتَسَبُوا۟ فَقَدِ ٱحْتَمَلُوا۟ بُهْتَٰنًا وَإِثْمًا مُّبِينًا﴾ [الأحزاب: ٥٨]

"اور جو لوگ مومن مردوں اور عورتوں کو ایذاء دیں بغیر کسی جرم کے جو ان سے سرزد ہوا ہو، وہ (بڑی ہی) بہتان، اور صریح گناہ کا بوجھ اٹھاتے ہیں"۔

اور رسول اللہ ﷺ نے فرمایا: «مَنْ أَكَلَ مِنْ هَذِهِ الْبَقْلَةِ الثُّومِ، وقَالَ مَرَّةً: مَنْ أَكَلَ الْبَصَلَ وَالثُّومَ وَالْكُرَّاثَ، فَلا يَقْرَبَنَّ مَسْجِدَنَا، فَإِنَّ الْمَلائِكَةَ تَتَأَذَّى مِمَّا يَتَأَذَّى مِنْهُ بَنُو آدَمَ». (مسلم /الصلاة ١٧ (٥٦٤)

" جو شخص اس سبزی لہسن کو کھائے (اور کبھی یوں فرمایا جو شخص پیاز، لہسن اور گندنا کھائے) تو ہماری مسجد کے قریب نہ آئے، کیوں کہ فرشتے اس چیز سے تکلیف محسوس کرتے ہیں جن سے لوگ تکلیف محسوس کرتے ہیں"۔

دائیں ہاتھ سے کھانے پینے کا حکم

اسلام کے محاسن میں سے یہ بھی ہے کہ اس نے بائیں ہاتھ سے کھانے اور پینے سے منع کیا ہے، اس لیے کہ بایاں ہاتھ گندگی دور کرنے کے لیے ہے، اور اس لیے بھی کہ شیطان بائیں ہاتھ سے کھاتا ہے جیسا کہ نبی اکرم ﷺ نے فرمایا: أَنَّ رَسُولَ اللَّهِ صَلَّى اللهُ عَلَيْهِ وَسَلَّمَ قَالَ: «إِذَا أَكَلَ أَحَدُكُمْ؛ فَلْيَأْكُلْ بِيَمِينِهِ وَإِذَا شَرِبَ فَلْيَشْرَبْ بِيَمِينِهِ؛ فَإِنَّ الشَّيْطَانَ يَأْكُلُ بِشِمَالِهِ، وَيَشْرَبُ بِشِمَالِهِ ». مسلم /الأشربة ١٣ (٢٠٢٠)

" تم میں سے کوئی جب کھائے تو دائیں ہاتھ سے کھائے اور پیئے تو دائیں ہاتھ سے پیئے، اس لیے کہ شیطان بائیں ہاتھ سے کھاتا ہے اور بائیں ہاتھ سے پیتا ہے"۔

جنازہ کی مشایعت اور چھینکنے والے کا جواب دینے کا حکم

اسلام کے محاسن میں سے یہ بھی ہے کہ اس نے جنازہ کے پیچھے جانے کا حکم دیا، اس لیے کہ اس میں مردہ کے لیے دعا ہے، اس پر رحمت

وپیار کا اظہار ہے، نماز جنازہ کی ادائیگی ہے اور اس کے مومن گھرانوں کی دل بستگی ہے۔

☆ اسلام کے محاسن میں سے یہ بھی ہے کہ اس نے چھینکنے والے کو جواب دینے، اور قسم کو پوری کرنے کی تعلیم دی ہے، اس لیے کہ اس میں محبت اور بھائی چارگی ہے، اور اپنے بھائی کو رحمت کی دعا دینی ہے، اور قسم پوری کرکے اپنے دل کی تسکین اور فرمائش کا پورا کرنا ہے، بشرطیکہ اس میں کوئی خلاف شرع نہ ہو۔

قبولیت دعوت کی اہمیت

اسلام کے محاسن میں سے یہ بھی ہے کہ مسلمان کی دعوت کو قبول کیا جائے، اور خصوصا شادی کی دعوت، جب اس میں کوئی خلاف شرع کام نہ ہو، اور اس میں مروت وانسانیت کے خلاف کام نہ ہو جیساکہ آج کل بعض لوگ لہو ولعب اور منکرات کے وقت کیا کرتے ہیں، کیونکہ ایسی مجلسوں میں حاضری فاسقوں اور فاجروں کی ہمت افزائی کرنا ہے، اور گناہوں کی ترویج میں ان کو مدد پہنچانا ہے، اور بری باتوں کی طرف سے لا پرواہی کا اظہار ہے۔ہاں اگر انکار منکر مقصود ہو تو ایسی بزم میں حاضر ہونا معیوب نہیں۔

☆ اوراسلام کے محاسن میں سے یہ بھی ہے کہ اس نے مسلمان پر دوسرے مسلمان کو خوف زدہ کرنا حرام کیا ہے، خواہ وحشت ناک خبروں کے ذریعہ ہو یا ہتھیار دکھاکر۔

☆ اوراسلام کی خوبیوں میں سے یہ بھی ہے کہ اس نے مردوں کو عورتوں کے ساتھ اور عورتوں کو مردوں کی مشابہت اختیار کرنے سے منع کیا ہے، اس لیے کہ اس میں اوّل تو عورتوں کے ساتھ لباس، چال ڈھال اور بات چیت میں مشابہت اختیار کر کے مخنث بن جانے کی برائی ہے، جیسا کہ آج کل کے ہپیوں اورداڑھی منڈوں، اور مغرورین میں پائی جاتی ہے۔

شک کی جگہوں سے اجتناب کا حکم

اسلام کے محاسن میں سے یہ بھی ہے کہ اس نے تہمت اور شک کی جگہوں سے بچنے کا حکم دیا ہے، تاکہ لوگوں کی زبان اور بدگمانی سے آدمی محفوظ رہ سکے، اور حدیث میں آیا ہے:

عَنْ صَفِيَّةَ بِنْتِ حُيَيٍّ قَالَتْ: كَانَ النَّبِيُّ صَلَّى اللهُ عَلَيْهِ وَسَلَّمَ مُعْتَكِفًا؛ فَأَتَيْتُهُ أَزُورُهُ لَيلا؛ فَحَدَّثْتُهُ ثُمَّ قُمْتُ لأَنْقَلِبَ؛ فَقَامَ مَعِيَ لِيَقْلِبَنِي وَكَانَ مَسْكَنُهَا فِي دَارِ أُسَامَةَ بْنِ زَيْدٍ، فَمَرَّ رَجُلانِ مِنَ الأَنْصَارِ، فَلَمَّا رَأَيَا النَّبِيَّ صَلَّى اللهُ عَلَيْهِ وَسَلَّمَ أَسْرَعَا، فَقَالَ النَّبِيُّ صَلَّى اللهُ عَلَيْهِ وَسَلَّمَ: «عَلَى رِسْلِكُمَا، إِنَّهَا صَفِيَّةُ بِنْتُ حُيَيٍّ»؛ فَقَالا: سُبْحَانَ اللَّهِ يَا رَسُولَ اللَّهِ! قَالَ: «إِنَّ الشَّيْطَانَ يَجْرِي مِنَ الإِنْسَانِ مَجْرَى الدَّمِ، وَإِنِّي خَشِيتُ أَنْ يَقْذِفَ فِي قُلُوبِكُمَا شَرًّا» أَوْ قَالَ: «شَيْئًا». (مسلم / السلام ۹ (۲۱۷۵)

صفیہ بنت حیی رضی اللہ عنہا کہتی ہیں: نبی اکرم صلی اللہ علیہ وسلم اعتکاف میں تھے، ایک رات میں آپ سے ملنے آئی، میں نے آپ سے گفتگو کی، پھر واپس

لوٹنے کے لیے اٹھی تو میرے ساتھ آپ بھی مجھے پہچانے کو کھڑے ہوئے، میرا مسکن اس وقت اسامہ بن زید کے مکان میں تھا، راستے میں مجھے دو انصاری ملے۔ انھوں نے نبی اکرم ﷺ کو دیکھا تو ذرا تیز چلنے لگے، نبی اکرم ﷺ نے فرمایا: ”آہستہ آہستہ چلو، یہ صفیہ بنت حیی ہیں“، انھوں نے کہا: سبحان اللہ! اللہ کے رسول! آپ ﷺ نے فرمایا: ”شیطان انسان کے اندر خون کی طرح دوڑتا ہے، مجھے خوف ہوا کہ کہیں وہ تمہارے دلوں میں کوئی بری بات نہ ڈال دے“، راوی کو شک ہے کہ شَرًّا کہا یا شَیْئًا۔

غور کیجیے کہ رسول اللہ ﷺ لوگوں میں سب سے بزرگ وپاکیزہ تھے، پھر بھی آپ ﷺ نے تہمت و شک کو اپنی طرف سے دور کیا۔

عمر رضی اللہ عنہ کا فرمان ہے کہ جو شخص خود کو تہمت کی جگہ رکھے گا، اگر اس کے ساتھ کوئی بدگمانی کرتے تو خود اپنے ہی کو ملامت کرے ،اور عمر رضی اللہ عنہ ایک شخص کے پاس سے گزرے جو راستہ میں اپنی بیوی سے بات کررہاتھا، تواس پر چڑھ دوڑے،اور اسے درہ سے پیٹا، اس آدمی نے کہا: امیرالمومنین یہ تو میری بیوی ہے، تو آپ نے فرمایا: تم نے اس سے ایسی جگہ کیوں نہیں بات کی جہاں تمہیں کوئی نہ دیکھتا۔

اسلام کی خوبی یہ ہے کہ اس نے تہمت اور شبہہ کی جگہوں سے مسلمانوں کو دور رکھا ہے لہذا یہ کیسے جائز ہوگا کہ عورت تنہا درزی کے پاس جاکر اپنے جسم کی پیمائش کرائے ، یا فوٹو گرافر کے پاس جاکر تنہا فوٹو کھینچوائے،

یا غیر محرم کے ساتھ سوار ہو، یا ایک مسلمان عورت محرم کے بغیر غیر اسلامی ممالک کا سفر کرے، یا طبی معائنہ کی غرض سے تنہا ڈاکٹر کے پاس جائے، جیساکہ موجودہ دور میں اس قسم کے فتنے بہت عام ہوگئے ہیں، اور امر و نہی کا نظام ڈھیلا پڑچکا ہے، اور اہل شر وفساد جن کی طاقت بہت بڑھ چکی ہے، کی سرزنش بھی ختم ہوچکی ہے، اور اہل خیر و صلاح کے خلاف آپس میں علٰحدگی پسندی، پسپائی اور فریب کاریوں میں مدد کرتے ہیں بس اللہ ہی ہمارا معین ومددگار ہے۔

اے اللہ ہماری نگاہوں اور کانوں میں برکت دے، ہمارے قلوب کو منور فرما، ہماری اصلاح فرما، اور ہمارے دلوں کو جوڑدے، اور ہمیں سلامتی کی راہ دکھا، اور اندھیروں سے بچاکر نور کی راہ پر چلا، اور ظاہری وباطنی بے حیائیوں سے ہماری حفاظت فرمادے۔

اے ارحم الراحمین! اپنی رحمت خاص سے ہم کو ہمارے والدین کو اور تمام مسلمانوں کو بخش دے۔

وصلى الله على محمد وعلى آله وصحبه أجمعين.

ظالم سے اجتناب کا حکم

اسلام کی خوبیوں میں سے یہ ہے کہ اس کی تعلیم یہ ہے کہ انسان جب کسی بدکار، فاجر یا جرم کے خوگر کی طرف سے آزمائش میں مبتلا ہوجائے تو اس کو چاہئے کہ جہاں تک ہوسکے اس سے بچے، اور اس کے شر سے دور رہے، اور اس کے ساتھ رواداری برتے، اور اس سے اجتناب کرے۔

ابوالدرداء رضی اللہ عنہ فرماتے ہیں: ہم لوگوں کے سامنے خوش طبعی کا اظہار کرتے ہیں، جب کہ ہمارے دل ان کو لعنت کرتے رہتے ہیں، مطلب اس کا یہ ہے کہ جن بدکاروں کو روکنے اور ٹوکنے کی طاقت نہ ہو ان کے ساتھ رواداری ہی کرنی چاہئے، یعنی ان کے شر اور اذیت رسانی اور جرم سازی کے خوف کی وجہ سے تو ان سے رواداری برتو، لیکن دل سے ان کی مخالفت کرو۔

☆ اور اسلام کی خوبیوں میں سے یہ بھی ہے کہ باہمی سدھار کا حکم دیا جائے، اور کتاب و سنت سے اس کے دلائل بہت ہیں۔

ستر پوشی کا حکم

اسلام کی خوبیوں میں سے یہ بھی ہے کہ مسلمانوں کی راز و نیاز، عیوب اور ان کے نقائص کو چھپانے کا حکم دیا جائے۔

رسول اللہ ﷺ کا ارشاد ہے: «وَمَنْ سَتَرَ مُسْلِمًا، سَتَرَهُ اللَّهُ يَوْمَ الْقِيَامَةِ». (بخاي/مظالم ٣ (٢٤٤٢)

"اور جو شخص کسی مسلمان کے عیب کو چھپائے گا اللہ تعالیٰ قیامت میں اس کے عیب چھپائے گا"۔

اور آپ ﷺ کا ارشاد گرامی ہے: «يَا مَعْشَرَ مَنْ آمَنَ بِلِسَانِهِ، وَلَمْ يَدْخُلِ الإِيمانُ قَلْبَهُ، لا تَغْتَابُوا الْمُسْلِمِينَ. وَلا تَتَّبِعُوا عَوْرَاتِهِمْ» (مسند أحمد/ ٤ (٤٢١) (صحيح لغيره)

"اے وہ لوگو! جو محض زبان سے ایمان لائے ہو ،اور ان کے دل تک ایمان نہ پہونچا ہے ، مسلمانوں کی غیبت مت کرو، اور ان کے عیوب مت تلاش کرو"۔

مسلمانوں کو خوش کرنے کا حکم

اسلام کے محاسن میں سے یہ بھی ہے کہ مسلمان کے دل میں خوشی ومسرت پیدا کی جائے، اور محتاج کی مدد کی جائے، رسول اللہ ﷺ کا ارشاد ہے: «لا يُؤْمِنُ أَحَدُكُمْ حَتَّى يُحِبَّ لأَخِيهِ مَا يُحِبُّ لِنَفْسِهِ».

(بخاري/الإيمان ٧ (١٣)

"وہ شخص مومن نہیں جب تک کہ وہ اپنے بھائی کے لیے بھی وہی نہ پسند کرے جو اپنے لیے پسند کرتا ہے"۔

نیز فرمایا: «مَنْ كَانَ فِي حَاجَةِ أَخِيهِ؛ فَإِنَّ اللَّهَ فِي حَاجَتِهِ». (بخاري / المظالم ٣ (٢٤٤٢)، مسلم/ البر والصلة ١٥(٢٥٨٠)

”جو شخص اپنے بھائی کی کوئی حاجت پوری کرنے میں لگا رہتا ہے، اللہ تعالی اس کی حاجت کی تکمیل میں لگا رہتا ہے“۔

☆ اوراسلام کے محاسن میں سے مسلمان اور خاص طور پر بوڑھے مسلمان کی عزت اور بچوں کے ساتھ پیار کرنا بھی ہے۔

رسول اللہ ﷺ نے فرمایا: «لَيْسَ مِنَّا مَنْ لَمْ يَرْحَمْ صَغِيرَنَا، وَيُوَقِّرْ كَبِيرَنَا». (ترمذي/ البر والصلة ١٥ (١٩١٩) (صحیح)

”وہ شخص ہم میں سے نہیں ہے، جو ہمارے چھوٹوں پر مہربانی نہ کرے، اور ہمارے بڑوں کی عزت نہ کرے“۔

نیز فرمایا: «إِنَّ مِنْ إِجْلالِ اللَّهِ إِكْرَامَ ذِي الشَّيْبَةِ الْمُسْلِمِ». (أبو داود/الأدب ٢٣ (٤٨٤٣) (حسن)

”اللہ کو بڑا ماننے میں بوڑھے مسلمان کی عزت کرنا بھی شامل ہے“۔

سرگوشی، فضول گوئی وبدزبانی سے اجتناب

☆اسلام کے محاسن میں بے حیائی اور بدزبانی سے منع کرنا بھی ہے، رسول اللہ ﷺ نے فرمایا: «لَيْسَ الْمُؤْمِنُ بِالطَّعَّانِ، وَلاَ اللَّعَّانِ، وَلاَ الْفَاحِشِ، وَلاَ الْبَذِيءِ». (ترمذي/البر والصلة ٤٨ (١٩٧٧) (صحیح)

”مومن طعنہ دینے والا، لعنت کرنے والا، بے حیا اور بدزبان نہیں ہوتا ہے“۔

☆اوراسلام کے محاسن میں یہ بھی ہے کہ اس نے تیسرے کی

موجودگی میں دو آدمیوں کو آپس میں چپکے چپکے بات کرنے سے منع کیا ہے، کیونکہ تیسرے آدمی کو اس سے رنج ہوگا، وہ یہی سمجھے گا کہ یہ دونوں اسی کی بابت گفتگو کررہے ہیں، اس لیے یہ ادب کے خلاف ہے، اسی طرح یہ بھی ادب کے خلاف ہے کہ کسی کے سامنے ایسی زبان میں بات کی جائے جسے وہ نہ جانتا ہو، رسول اللہ صلی اللہ علیہ وسلم کا ارشاد ہے:

«لا يَنْتَجِي اثْنَانِ دُونَ الثَّالِثِ؛ فَإِنَّ ذَلِكَ يُحْزِنُهُ». (بخاري/الاستئذان ٤٥ (٦٢٨٨)، مسلم/السلام ١٥ (٢١٨٤)

" دو آدمی تیسرے کو چھوڑ کر سرگوشی نہ کریں، کیونکہ یہ چیز اسے رنجیدہ کردے گی"۔

☆ اوراسلام کے محاسن میں یہ بھی ہے کہ آدمی بے کار وبے ضرورت باتوں میں یہ دخل نہ دے، اور یہ ارشاد رسول اللہ صلی اللہ علیہ وسلم کی جامع باتوں میں شامل ہے جیساکہ حدیث میں ہے: «مِنْ حُسْنِ إِسْلاَمِ الْمَرْءِ، تَرْكُهُ مَا لاَ يَعْنِيهِ». (ترمذي/الزهد ١١ (٢٣١٧) ابن ماجه/الفتن ١٢ (٣٩٧٦) (صحیح)

ابوہریرہ رضی اللہ عنہ کہتے ہیں کہ رسول اللہ صلی اللہ علیہ وسلم نے فرمایا: "کسی شخص کے اسلام کی خوبی یہ ہے کہ وہ لایعنی اور فضول باتوں کو چھوڑ دے"۔

اس حدیث کی معنویت کو بعض لوگوں نے ان لفظوں میں تعبیر کی "اپنے ذاتی کام ہی کے کھوج میں رہو"۔

اگر مسلمان اپنے پیغمبر کے ارشادات ونصائح کو اپناتے توخود بھی آرام پاتے ،اور دوسروں کو بھی آرام پہونچاتے، اگر تم اکثر جھمیلوں، جھگڑوں، اختلافات ولڑائیوں کی ٹوہ لگاؤ گے توتمہیں ان سب کا ایک سبب معلوم ہو گا، اور وہ ہے بے ضرورت کاموں میں تدخل کرنا۔

بیچ راہ میں بیٹھنے کی ممانعت

اسلام کے محاسن میں یہ بھی ہے کہ اس نے راستوں میں بیٹھنے سے منع کیا ہے ، کیونکہ اس سے نامنا سب باتوں کا سامنا کرنا ہوتا ہے ، اور بیٹھنے والوں پر جو باتیں عائد ہوتی ہیں،وہ بسااوقات انھیں پورے نہیں کرپاتا ، جیسے (معروف) اچھی بات کا حکم دینا، (منکر) بری بات سے منع کرنا ، اور مظلوم کی مدد کرنا، اور ظالم کو ظلم سے روکنا ، اور ظلم سے روکنایہ اس کی مدد کرناہے ، اور مسلمان کی مدد کرنا ، اورنگاہ پست کرنا ، اور سلام کا جواب دینا اورتکلیف دہ چیز کودور کرنا۔

اللہ کے نام پر پناہ دینے کا حکم

دین اسلام کے محاسن میں سے یہ بھی ہے کہ جو شخص ہم سے اللہ کے نام پرپناہ مانگے اسے ہم پناہ دیں ، اور جو شخص اللہ کے نام سوال کرے ہم اس کو دیں ، اور جو شخص ہمارے ساتھ بھلائی کرے ہوسکے توہم اس کو اچھا بدلہ پیش کریں، اگر بدلہ نہ دے سکیں تو اس کے لیے اللہ سے جزائے خیر کی دعا کریں، کیونکہ اس نے ہمارے ساتھ تو نیکی کی ہے ،

جیسا کہ حدیث میں ہے: « مَنِ اسْتَعَاذَكُمْ بِاللَّهِ، فَأَعِيذُوهُ ». (أبو داود/ الأدب ۱۱۷ (۵۱۰۹) (صحیح)

عبداللہ بن عمر رضی اللہ عنہما کہتے ہیں کہ رسول اللہ صلی اللہ علیہ وسلم نے فرمایا: ”جو شخص تم سے اللہ کے واسطے سے پناہ طلب کرے تو اسے پناہ دو“۔

وصلى الله على محمد وآله وسلم.

خیر خواہی، عزت کی حفاظت، میانہ روی وصبر کا حکم

دین اسلام کی خوبیوں میں یہ بھی ہے کہ تم اپنے نفس کے ساتھ انصاف کرو، اور دوسروں کے لیے بھی وہی پسند کرو جو تم اپنے لیے پسند کرتے ہو، اوراپنے آپ کو مسلمان بھائیوں ہی کی طرح سمجھو، اور ان کے ساتھ ایسامعاملہ کرو جیسا کہ تم اپنے لیے پسند کرو، اور ان کے حقوق کو پوری طرح ادا کرو، اور بخاري میں تعلیقاً یہ حدیث موجود ہے: وَقَالَ عَمَّارٌ: ثَلاثٌ مَنْ جَمَعَهُنَّ، فَقَدْ جَمَعَ الإِيمَانَ: الإِنْصَافُ مِنْ نَفْسِكَ، وَبَذْلُ السَّلامِ لِلعَالَمِ، وَالإِنْفَاقُ مِنَ الإِقْتَارِ. (بخاري /الأيمان ٢٠ تعليقا).

عمار رضی اللہ عنہ کا قول ہے: جس نے تین چیزوں کو جمع کر لیا اس نے سارا ایمان حاصل کر لیا۔ اپنے نفس سے انصاف کرنا، سلام کو عالم میں پھیلانا، اور تنگ دستی کے باوجود اللہ کی راہ میں خرچ کرنا۔

﴿وَيُؤْثِرُونَ عَلَىٰٓ أَنفُسِهِمْ وَلَوْ كَانَ بِهِمْ خَصَاصَةٌ﴾ [الحشر: ٩]

”دوسروں کی ضرورتوں کو اپنی ضروریات پر مقدم سمجھتے ہیں“۔

ایک دوسری حدیث میں آپ صلی اللہ علیہ وسلم نے فرمایا: «طَعَامُ الاثْنَيْنِ كَافِي الثَّلاثَةِ». (بخاري /الأطعمة ١١ (٥٣٩٢)، مسلم/الأشربة ٣٣ (٢٠٥٨)

”دو آدمیوں کا کھانا تین آدمیوں کے لیے کافی ہے“۔

اسی طرح آپ ﷺ نے یہ بھی فرمایا: « مَنْ كَانَ مَعَهُ فَضْلُ ظَهْرٍ؛ فَلْيَعُدْ بِهِ عَلَى مَنْ لا ظَهْرَ لَهُ، وَمَنْ كَانَ لَهُ فَضْلٌ مِنْ زَادٍ؛ فَلْيَعُدْ بِهِ عَلَى مَنْ لا زَادَ لَهُ ». (مسلم /الجهاد ٤ (١٧٢٨)

”جس کے پاس فاضل سواری ہو وہ اسے دے دے جس کے پاس سواری نہ ہو، اور جس کے پاس فاضل توشہ ہو وہ اسے دے دے جس کے پاس نہ ہو“۔

اور آپ نے اس سلسلہ میں مال کی مختلف قسموں کا ذکر فرمایا، ابو سعید رضی اللہ عنہ کہتے ہیں کہ آپ کی ان باتوں سے ہم نے یہاں تک سمجھ لیا کہ فاضل اور زائد چیزوں پر کسی کا حق ملکیت نہیں۔

☆ اور اسلام کے محاسن اور اس کے بلند اخلاق میں سے یہ بھی ہے کہ آدمی اپنے مسلمان بھائی کی عزت اور اس کے جان ومال کی ظلم وزیادتی سے حتی المقدور حفاظت کرے، اور اس سے اس ظلم وعدوان کے ازالہ کے لیے ہر ممکن کوشش کرے، اور پوری طاقت سے اس کی دفاع کرے، ابو الدرداء رضی اللہ عنہ سے روایت ہے کہ رسول اللہ ﷺ کے پاس جب ایک آدمی نے کسی ہتک آمیز طریقہ کا ذکر کی تو ایک دوسرے شخص نے اس کی مدافعت کی، اس وقت رسول اکرم ﷺ نے ارشاد فرمایا:

«مَنْ رَدَّ عَنْ عِرْضِ أَخِيهِ، رَدَّ اللهُ عَنْ وَجْهِهِ النَّارَ يَوْمَ الْقِيَامَةِ». (ترمذي/ البر والصلة ٢٠ (١٩٣١) مسند أحمد : ٦/٤٤٩، ٤٥٠) (صحیح)

”جو شخص اپنے بھائی کی عزت (اس کی عدم موجودگی میں) بچائے، اللہ تعالیٰ قیامت کے دن اس کے چہرے کو جہنم سے بچائے گا“۔

☆ اور اسلام کی خوبیوں میں سے بخیلی اور فضول خرچی کے درمیان راہِ اعتدال اختیار کرنے کا حکم ومشورہ بھی ہے، اللہ کا فرمان ہے:

﴿ وَلَا تَجْعَلْ يَدَكَ مَغْلُولَةً إِلَىٰ عُنُقِكَ وَلَا تَبْسُطْهَا كُلَّ الْبَسْطِ فَتَقْعُدَ مَلُومًا مَّحْسُورًا ﴾ [الإسراء: ۲۹]

" اور نہ تو اپنا ہاتھ گردن سے باندھ رکھو،اور نہ ہی اسے بالکل کھلا چھوڑ دو کہ ملامت زدہ اور عاجز بن کر رہ جاؤ"۔

﴿ وَالَّذِينَ إِذَا أَنفَقُوا لَمْ يُسْرِفُوا وَلَمْ يَقْتُرُوا وَكَانَ بَيْنَ ذَٰلِكَ قَوَامًا ﴾ [الفرقان: ٦٧]

"اور جو خرچ کرتے ہیں تو نہ فضول خرچی کرتے ہیں نہ بخل، بلکہ ان کا خرچ دونوں انتہاؤں کے درمیان اعتدال پر قائم رہتا ہے"۔

☆ اور اسلام کی خوبیوں میں سے صبر کی تینوں اقسام کی تلقین بھی ہے یعنی اللہ کی اطاعت وفرمانبرداری پر صبر، اور اس کی نافرمانی سے اجتناب پر صبر، اور رنج پہونچانے والی تقدیر پر صبر کرنا۔

یتیم ومسکین کا خیال

اسلام کے محاسن میں سے، کمزوروں پر مہربانی کرنا،اور فقیروں پر شفقت کرنا،اوریتیموں کے ساتھ رحم دلی، اور نوکروں غلاموں اور لونڈیوں کے ساتھ حسن سلوک کرنا، ان کی اذیت کو دور کرنا، ان کے ساتھ

اچھا معاملہ کرنا، تواضع اور نرمی کرنا، ان کے ساتھ نرم خوئی اختیار کرنا، اللہ نے رسول اللہ ﷺ کو ارشاد فرمایا:

﴿ وَٱخْفِضْ جَنَاحَكَ لِمَنِ ٱتَّبَعَكَ مِنَ ٱلْمُؤْمِنِينَ ﴾ [الشعراء: ۲۱۵]

"اس کے ساتھ فروتنی سے پیش آؤ جو بھی ایمان لانے والا ہوکر آپ کی تابعداری کرے"۔

اور ارشاد فرمایا:

﴿وَٱصْبِرْ نَفْسَكَ مَعَ ٱلَّذِينَ يَدْعُونَ رَبَّهُم بِٱلْغَدَوٰةِ وَٱلْعَشِيِّ يُرِيدُونَ وَجْهَهُۥ﴾ [الكهف: ۲۸]

"اور اپنے آپ کو انھیں کے ساتھ رکھا کرو جو اپنے رب کو صبح وشام پکارتے ہیں، اور اسی کے چہرے کے ارادے رکھتے ہیں" (رضامندی چاہتے ہیں)۔

اور ارشاد فرمایا:

﴿فَأَمَّا ٱلْيَتِيمَ فَلَا تَقْهَرْ ۝٩ وَأَمَّا ٱلسَّآئِلَ فَلَا تَنْهَرْ﴾ [الضحي: ۹-۱۰]

"پس یتیم پر تم بھی سختی نہ کیا کرو، اور نہ سوال کرنے والوں پر ڈانٹ ڈپٹ"۔

نیز فرمایا:

﴿أَرَءَيْتَ ٱلَّذِى يُكَذِّبُ بِٱلدِّينِ ۝١ فَذَٰلِكَ ٱلَّذِى يَدُعُّ ٱلْيَتِيمَ ۝٢ وَلَا يَحُضُّ عَلَىٰ طَعَامِ ٱلْمِسْكِينِ﴾ [الماعون: ۱-۳]

"کیا آپ نے (اسے بھی) دیکھا جو (روزِ) جزا کو جھٹلاتا ہے، یہی وہ ہے جو یتیم کو دھکے دیتا ہے اور مسکین کو کھلانے کی ترغیب نہیں دیتا"۔

نیز فرمایا:

﴿فَكُّ رَقَبَةٍ ﴿١٣﴾ أَوْ إِطْعَامٌ فِي يَوْمٍ ذِي مَسْغَبَةٍ ﴿١٤﴾ يَتِيمًا ذَا مَقْرَبَةٍ ﴿١٥﴾ أَوْ مِسْكِينًا ذَا مَتْرَبَةٍ﴾ [البلد : ١٣-١٦]

" اور کیا سمجھا کہ گھاٹی ہے کیا؟ کسی گردن (غلام لونڈی) کو آزاد کرنا، یا بھوک والے دن کھانا کھلانا، کسی رشتہ دار یتیم کو یا خاکسار مسکین کو"۔

نیز فرمایا:

﴿عَبَسَ وَتَوَلَّىٰٓ ﴿١﴾ أَن جَآءَهُ ٱلْأَعْمَىٰ ﴿٢﴾ وَمَا يُدْرِيكَ لَعَلَّهُۥ يَزَّكَّىٰٓ﴾ [العبس:١-٣]

" وہ ترش رو ہوا، اور منہ موڑ لیا، (صرف اس لیے) کہ اس کے پاس ایک نابینا آیا، تمہیں کیا خبر شاید وہ سنور جاتا"۔

جانوروں پر رحم کرنے کا حکم

دین اسلام کے محاسن میں سے نرم دلی، اور وشفقت کرنا ہے نہ کہ سنگدلی، سختی اور ایذارسانی، یہاں تک کہ یہی برتاؤ جانوروں کے ساتھ بھی کرنا ہے ،عبداللہ بن عمر رضی اللہ عنہما سے روایت ہے کہ رسول اللہ صلی اللہ علیہ وسلم نے فرمایا: «عُذِّبَتْ امْرَأَةٌ فِي هِرَّةٍ سَجَنَتْهَا حَتَّى مَاتَتْ، فَدَخَلَتْ فِيهَا النَّارَ،لا هِيَ أَطْعَمَتْهَا وَسَقَتْهَا إِذْ حَبَسَتْهَا، وَلا هِيَ تَرَكَتْهَا تَأْكُلُ مِنْ خَشَاشِ الأَرْضِ». (مسلم /السلام ٤٠ (٢٢٤٢)

"ایک عورت کو ایک بلی کی خاطر عذاب ہوا، اس لیے کہ اس نے اسے پکڑے رکھا، یہاں تک کہ وہ مر گئی، اس کی وجہ سے وہ جہنم میں گئی، جب اس نے اسے قید میں رکھا، تو اس نے نہ کھلایا، نہ پلایا، اور نہ ہی اسے چھوڑا کہ وہ زمین کے کیڑے مکوڑے کھالیتی"

«بَيْنَمَا رَجُلٌ يَمْشِي بِطَرِيقٍ، فَاشْتَدَّ عَلَيْهِ الْعَطَشُ، فَوَجَدَ بِئْرًا، فَنَزَلَ فِيهَا، فَشَرِبَ، ثُمَّ خَرَجَ فَإِذَا كَلْبٌ يَلْهَثُ يَأْكُلُ الثَّرَى مِنَ الْعَطَشِ، فَقَالَ الرَّجُلُ: لَقَدْ بَلَغَ هَذَا الْكَلْبَ مِنَ الْعَطَشِ مِثْلُ الَّذِي كَانَ بَلَغَنِي، فَنَزَلَ الْبِئْرَ، فَمَلأَ خُفَّهُ؛ فَأَمْسَكَهُ بِفِيهِ حَتَّى رَقِيَ، فَسَقَى الْكَلْبَ، فَشَكَرَ اللَّهُ لَهُ، فَغَفَرَ لَهُ». (بخاري/الوضوء ٣٣ (١٧٣)، مسلم/السلام ٤١ (٢٢٤٤))

"ایک آدمی کسی راستہ پہ جا رہا تھا کہ اسی دوران اسے سخت پیاس لگی، (راستے میں) ایک کنواں ملا، اس میں اتر کر اس نے پانی پیا، پھر باہر نکلا تو دیکھا کہ ایک کتا ہانپ رہا ہے اور پیاس کی شدت سے کیچڑ چاٹ رہا ہے، اس شخص نے دل میں کہا: اس کتے کا پیاس سے وہی حال ہے جو میرا حال تھا، چنانچہ وہ (پھر) کنویں میں اترا، اور اپنے موزوں کو پانی سے بھرا، پھر منھ میں دبا کر اوپر چڑھا، اور (کنویں سے نکل کر باہر آکر) کتے کو پلایا، تو اللہ تعالیٰ نے اس کا یہ عمل قبول فرمالیا، اور اسے بخش دیا"۔

اور مسلم وغیرہ کی روایت ہے کہ رسول اللہ ﷺ ایک گدھے کے پاس سے گزرے جسے چہرے پر داغا گیا تھا، آپ ﷺ نے دیکھ کر فرمایا: «لَعَنَ اللَّهُ الَّذِي وَسَمَهُ». (مسلم/الزينة٢٩ (٢١١٧))

"اللہ کی لعنت ہو اس پر جس نے اس کو داغا ہے"۔

اے اللہ! ہمیں ایسی یقینی توفیق عطا فرما کہ تیری معصیت سے بچ جائیں، اور ہماری رہنمائی فرما کہ تیری رضا کے لیے ہم سعی کریں، اور اے مولا! ہمیں رسوائی اور عذاب سے بچا، اور ہمیں بھی وہی عطا کر جو تو نے اپنے ولیوں اور چاہنے والوں کو دیا، اور ہمیں دنیا میں بھی نیکی عطا فرما، اور آخرت میں بھی، اور جہنم کے عذاب سے بچا، اے ارحم الراحمین! اپنی رحمت خاص سے ہم کو، اور ہمارے والدین اور تمام مسلمانوں کو بخش دے ۔

وصلى الله على محمد وعلى آله وصحبه أجمعين.

لوگوں کے مقام ومرتبہ کا لحاظ

اسلام کے میں سے حکمت کے ساتھ معاملات کو انجام دینا بھی ہے، اور وہ اس طرح کہ ہم ہر مومن انسان کو اس کے مقام ومرتبہ پر رکھیں، اور اس کی عزت وجذبات کا پاس ولحاظ رکھیں اور اسے وہی مقام عطا کریں جو اس کے لیے لائق ہے، ام المومنین عائشہ رضی اللہ عنہا سے روایت ہے کہ رسول اللہ ﷺ نے فرمایا: «أَنْزِلُوا النَّاسَ مَنَازِلَهُمْ».

(أبو داود/الأدب ٢٣ (٤٨٤٢) (ضعیف)

"ہر شخص کو اس کے مرتبے پر رکھو"۔

اور ایک روایت میں ہے کہ ام المومنین عائشہ رضی اللہ عنہا سفر کر رہی تھیں، ایک جگہ اتریں کہ آرام کریں، اور کھانا کھائیں، وہاں ایک فقیر سائل آیا آپ نے فرمایا: اسے ایک قرش (پیسہ) دے دو، دوسرا شخص گھوڑے پر سوار ہو کر سامنے گزرا، آپ نے فرمایا: اسے کھانے پر بلاؤ، آپ سے پوچھا گیا کہ آپ نے اس مسکین کو ایک قرش دے کر چلتا کیا، اور اس مالدار آدمی کو کھانے پر بلایا؟ آپ نے جواب دیا کہ اللہ نے لوگوں کو ان کی حیثیت کے مطابق جگہ دی ہے، ہمارا بھی فرض ہے کہ لوگوں کے ساتھ ان کی حیثیت کے مطابق ہی برتاؤ کریں، یہ مسکین

ایک قرش پر خوش ہو سکتا ہے، لیکن ہمارے لیے نامناسب ہے کہ اس مالدار کو جو اس شان سے آیا ہو ہم ایک قرش دیں" اللہ ام المومنین عائشہ رضی اللہ عنہا پر رحم فرمائے، کتنا اچھا جواب دیا، جو حکمت ودانائی، اچھے ذوق اور عمدہ اخلاق، باعزت معاملہ، اور اللہ اور اس کے رسول کے ارشادات کے مکمل اتباع کا آئینہ دار ہے، اور روایت ہے کہ رسول اللہ صلی اللہ علیہ وسلم اپنے ایک گھر میں داخل ہوئے، آپ کے صحابہ رضوان اللہ علیہم بھی اس گھر میں جمع ہوگئے، یہاں تک کہ بیٹھک بھر گئی، بعد میں جریر بن عبداللہ البجلی رضی اللہ عنہ تشریف لائے، جگہ نہ پاکر دروازے ہی پر بیٹھ گئے، رسول اللہ صلی اللہ علیہ وسلم نے چادر لپیٹ کر انھیں پیش کی، اور فرمایا "اس پر بیٹھ جائیں" جریر رضی اللہ عنہ نے چادر لے کر اپنے چہرے سے لگائی، اُسے بوسہ دینے، اور رونے لگے، اور اپنے لیے رسول اللہ صلی اللہ علیہ وسلم کی تکریم سے بہت متاثر ہوئے، انہوں نے شکریہ سے بھرے ہوئے جذبات کے ساتھ چادر لپیٹ کر رسول اللہ صلی اللہ علیہ وسلم کی خدمت میں پیش کرتے ہوئے کہا، یا رسول اللہ جیسی آپ نے مجھے عزت دی اللہ آپ کو اس سے بھی زیادہ عزت بخشے، آپ کی چادر مبارک پر میں نہیں بیٹھ سکتا، رسول اللہ صلی اللہ علیہ وسلم نے داہنے بائیں دیکھ کر فرمایا:

«إِذَا أَتَاكُمْ كَرِيمُ قَوْمٍ، فَأَكْرِمُوهُ». (ابن ماجه /الأدب ١٩ (٣٧١٢) (حسن)

"جب تمہارے پاس کسی قوم کا کوئی معزز آدمی آئے، تو تم اس کا احترام کرو"۔

اس بہترین معاملہ پر غور کیجئے تو رسول اللہ ﷺ کے معاملات کا ایک کامل نمونہ اس میں ملے گا کہ کس طرح آپ نے جریر رضی اللہ عنہ کے مرتبے کا خیال فرما، اور ان کی عزت افزائی فرمائی، جریر رضی اللہ عنہ نے آپ کے حُسنِ سلوک سے کس قدر متاثر ہوئے۔

عورتوں کے حقوق

اسلام کے محاسن میں یہ ہے کہ اس نے شوہروں پر بیویوں کے ویسے ہی حقوق مقرر کئے جیسے مردوں میں بھلائی کرنے میں، اچھی گزربسر میں، تکلیف نہ پہونچانا البتہ "بیویوں پر شوہروں کو مزید مرتبہ بخشا" یہ مرتبہ اخلاق اور رتبے کی فضیلت ، اطاعت گزاری، نان نفقہ کی ادائیگی ، مہر کی ادائیگی، ان کی بھلائی کا حق ادا کرنا، دنیا و آخرت میں مردوں کی فضیلت وغیرہ شامل ہیں۔

رسوم جاہلیت کی ممانعت

اسلام کے محاسن میں یہ بھی ہے کہ اس نے عورت کو عہد جاہلیت کے ظالمانہ رواج سے نجات دلائی، چنانچہ عورت عہد جاہلیت میں اپنے باپ یا شوہر کی جائداد سمجھی جاتی تھی، اور بیٹا باپ کے مرنے کے بعد اپنی بیوہ ماں کا وارث ہوتا تھا، اور اسلام سے پہلے عرب، عورتوں کو زبردستی وراثت میں لے لیتے تھے، وارث آکر باپ کی بیوی کے چہرے پر چادر ڈال کر کہتا تھا کہ جیسے میں اپنے باپ کے مال کا وارث ہوں اسی طرح اس کی بیوی کا بھی وارث ہوگیا، اور جب وہ چاہتا تو بلا مہر اس عورت سے شادی کرلیتا، یا اپنے کسی آدمی سے اس کی شادی کرادیتا، اور اس کا مہر خود وصول کرلیتا، یا شادی کرنا اس کے لیے حرام کردیتا تاکہ اس کا وارث بن جائے، شریعت اسلامیہ نے ایسی شادی، اور اس وراثت کو رد کردیا، اللہ کا ارشاد ہے:

﴿يَٰٓأَيُّهَا ٱلَّذِينَ ءَامَنُوا۟ لَا يَحِلُّ لَكُمْ أَن تَرِثُوا۟ ٱلنِّسَآءَ كَرْهًا﴾

[النساء: ١٩]

"اے ایمان والو! تمہارے لیے حلال نہیں کہ زبردستی عورتوں کو ورثے میں لے بیٹھو"۔

اورزمانہ جاہلیت میں اہل عرب عورتوں کو شادی کرنے سے روکتے تھے، وارث کا بیٹا باپ کی بیوی کو شادی کرنے سے اس لیے روکتا تھا تاکہ عورت اس کے باپ کی جو میراث بیوی کی حیثیت سے پائے وہ اس کے بیٹے کو دے دے، اسی طرح باپ اپنی بیٹی کو محض اسی نیت سے شادی سے روکتا تھا کہ لڑکی اپنی تمام ملکیت باپ کو دے دے، اورآدمی اپنی بیوی کو طلاق دے کر شادی کرنے سے روکتا تھا تاکہ اس کی جائداد میں سے جو چاہے حاصل کرلے، اور ناراض شوہر اپنی بیوی کے ساتھ گزربسر میں بدسلوکی کرتا، اور اسے تنگ کرتا، اور طلاق نہیں دیتا تھا تاکہ عورت اپنا مہر اس کو واپس کردے، الغرض اہل عرب اسلام سے پہلے عورتوں پر ظلم وستم ڈھاتے اور حکومت کرتے تھے۔

اللہ تعالیٰ کا ارشاد ہے:

﴿وَلَا تَعۡضُلُوهُنَّ لِتَذۡهَبُواْ بِبَعۡضِ مَآ ءَاتَيۡتُمُوهُنَّ﴾ [النساء: ١٩]

"اورانھیں اس لیے نہ روک رکھو کہ جو تم نے انھیں دے رکھا ہے اس میں سے کچھ لے لو"۔

اوروہ لوگ نان ونفقہ، لباس اور گزر بسر میں عورتوں کے درمیان انصاف نہیں کرتے تھے، اسلام نے مردوں کوعورتوں کے درمیان عدل کرنے کا حکم دیا۔ اللہ کا ارشاد ہے:

﴿وَعَاشِرُوهُنَّ بِٱلۡمَعۡرُوفِ﴾ [النساء: ١٩]

" ان کے ساتھ اچھی طریقے سے بودوباش رکھو"۔

اور فرمایا:

﴿فَإِنْ خِفْتُمْ أَلَّا تَعْدِلُوا﴾ [النساء: ٣]

"اگر تمھیں برابری نہ کرسکنے کا خوف ہو تو ایک ہی کافی ہے"۔

اور فرمایا:

﴿وَإِنْ أَرَدتُّمُ اسْتِبْدَالَ زَوْجٍ مَّكَانَ زَوْجٍ وَآتَيْتُمْ إِحْدَاهُنَّ قِنطَارًا فَلَا تَأْخُذُوا مِنْهُ شَيْئًا ۚ أَتَأْخُذُونَهُ بُهْتَانًا وَإِثْمًا مُّبِينًا﴾ [النساء: ٢٠]

"اوراگر تم ایک بیوی کی جگہ دوسری بیوی کرنا ہی چاہو اور ان میں سے کسی کو تم نے خزانہ کا خزانہ دے رکھا ہو، تو بھی اس میں سے کچھ نہ لو، کیا تم اسے ناحق اور کھلا گناہ ہوتے ہوتے لے لوگے"۔

اور دینی حیثیت سے مرد وعورت دونوں برابر ہیں اللہ کا ارشاد ہے:

﴿مَنْ عَمِلَ صَالِحًا مِّن ذَكَرٍ أَوْ أُنثَىٰ وَهُوَ مُؤْمِنٌ فَلَنُحْيِيَنَّهُ حَيَاةً طَيِّبَةً ۖ وَلَنَجْزِيَنَّهُمْ أَجْرَهُم بِأَحْسَنِ مَا كَانُوا يَعْمَلُونَ﴾ [النحل: ٩٧]

"جو شخص نیک عمل کرے مرد ہو یا عورت، لیکن باایمان ہو تو ہم اسے یقینا بہتر زندگی عطا فرمائیں گے، اور ان کے نیک اعمال کا بہتر بدلہ بھی انھیں ضرور ضرور دیں گے"۔

اوراہل اور مالک ہونے کی حیثیت سے فرمایا:

﴿لِّلرِّجَالِ نَصِيبٌ مِّمَّا تَرَكَ الْوَالِدَانِ وَالْأَقْرَبُونَ وَلِلنِّسَاءِ نَصِيبٌ مِّمَّا تَرَكَ الْوَالِدَانِ وَالْأَقْرَبُونَ﴾ [النساء: ٧]

”ماں باپ اور خویش واقارب کے ترکہ میں مردوں کا حصہ بھی ہے، اور عورتوں کا بھی (جو مال ماں باپ خویش واقارب چھوڑ کر مریں“۔

☆ اوراسلام کی خوبیوں کے لیے یہ کافی ہے جو اس نے عورت کو دین اور ملکیت اور کمائی میں مساوات عطا کی، اور اسے شادی کے بارے میں جو ضمانتیں عطا کیں کہ شادی عورت کی اجازت اور رضا مندی سے ہو، جبر ولا پرواہی نہ کی جائے۔

رسول اللہ ﷺ کا ارشاد ہے: «لا تُنْكَحُ الثَّيِّبُ حَتَّى تُسْتَأْمَرَ، وَلا الْبِكْرُ إِلا بِإِذْنِهَا»، قَالُوا: يَا رَسُولَ اللَّهِ! وَمَا إِذْنُهَا؟ قَالَ: «أَنْ تَسْكُتَ». (بخاري/ النكاح ٤١ (٥١٣٦)، مسلم/النكاح ٩ (١٤١٩)

”غیر کنواری عورت کا نکاح نہ کیا جائے جب تک اس سے پوچھ نہ لیا جائے، اور نہ ہی کنواری عورت کا نکاح بغیر اس کی اجازت کے کیا جائے، ”لوگوں نے عرض کیا: اللہ کے رسول! اس کی اجازت کیا ہے؟ آپ ﷺ نے فرمایا: ”(اس کی اجازت یہ ہے کہ) وہ خاموش رہے“۔

اور عورت کے مہر کے بارے میں ارشاد فرمایا:

﴿فَآتُوهُنَّ أُجُورَهُنَّ فَرِيضَةً﴾ [النساء: ٢٤]

”جن سے فائدہ اٹھاؤ، انھیں ان کا مقرر کیا ہوا مہر دے دو“۔

☆ اوراسلام کے محاسن میں سے یہ بھی ہے کہ اہل عرب اسلام سے

پہلے لڑکیوں کو عار کے خوف سے زندہ در گور کر دیتے تھے، زندہ جیتے جی دفن کر دیتے تھے یہاں تک کہ وہ مر جاتی، اسلام نے ان کے دفن وقتل کو قطعی حرام قرار دیا، اور انھیں زندگی میں بہت سے حقوق عطا کئے ، اس طرح اسلام نے عورت کے ساتھ بھرپور انصاف کیا اور اس کی زندگی اور انسانی حقوق کی حفاظت فرمائی ۔

اے اللہ! ہم کو رنج وغم اور عاجزی وسستی، اور بزدلی، اور بخل، اور قرض کے بوجھ، اور لوگوں کے دباؤ ،اور دشمنوں کے ہنسنے سے اپنی پناہ میں رکھ، اور اے ارحم الراحمین! ہمیں اورہمارے والدین اور تمام مسلمانوں کو اپنی رحمت خاص سے بخش دے ۔

وصلى الله على محمد وآله وصحبه أجمعين.

دورِ جاہلیت کے اعتقاد سے اجتناب

اسلام کے محاسن میں سے کہانت کو باطل اور حرام قرار دینا، اورچڑیوں کے منع کرنے (چڑیوں سے بدشگونی لینا)، اور میسر (جو جوئے کی ایک قسم)کو حرام قرار دینا ہے، اور انھیں جاہلانہ امور میں سے پانسہ پھینکنا، بحیرہ، سائبہ، وصیلہ (بتوں کے نام پر آزاد چھوڑے ہوئے جانور) اور حام۔

☆ اورانھیں جاہلانہ امور میں سے جنھیں اسلام نے حرام قراردیا، مینگنی کا پھینکنا بھی ہے، عہد جاہلیت میں دستور تھا کہ عورت کا شوہر جب مرجاتا توکسی کوٹھری میں چلی جاتی، اور سال بھر گندے کپڑے پہنتی، خوشبوکو ہاتھ نہیں لگاتی، پھر اس کے پاس ایک جانور لا یا جاتا مثلاً گدھا، یا چڑیا یا بکری جسے وہ ٹکڑے کرتی، جب بھی وہ ٹکڑے کرتی، وہ جانور مرجاتا، اس کے بعد عورت کو مینگنی دی جاتی جسے وہ پھینکتی تھی پھر وہ جو چاہتی کرتی۔

اورانھیں جاہلی امور میں سے اولاد کو فقر کے خوف سے مارڈالنا بھی ہے، آدمی اپنے لڑکے کو اس خوف سے مارڈالتا تھا کہ وہ اس کے ساتھ کھائے گا، اللہ تعالیٰ نے اس کو منع فرمایا:

﴿وَلَا تَقْتُلُوٓا۟ أَوْلَـٰدَكُمْ خَشْيَةَ إِمْلَـٰقٍ ۖ نَّحْنُ نَرْزُقُهُمْ وَإِيَّاكُمْ ۚ إِنَّ قَتْلَهُمْ كَانَ خِطْـًٔا كَبِيرًا﴾ [الإسراء: ٣١]

”اور مفلسی کے خوف سے اپنی اولادوں کو نہ مارڈالو، ان کو اور تم کو ہم ہی روزی دیتے ہیں، یقینا ان کا قتل کرنا کبیرہ گناہ ہے “۔

☆ اوراسلام کے محاسن میں سے یہ بھی ہے کہ اس نے بت پرستوں، اور مشرکوں اورکافروں کو مومن صالح متقی، زاہد اور خداترس بنادیا، جو اللہ سے ڈرتے ہیں، صرف اسی کی بندگی کرتے ہیں، اس کے ساتھ کسی کو شریک نہیں کرتے، اور حق پر ڈٹے رہتے ہیں، اللہ کے بارے میں انھیں کسی کی ملامت کا خوف نہیں، ارشاد ہے:

﴿وَيُؤْثِرُونَ عَلَىٰٓ أَنفُسِهِمْ وَلَوْ كَانَ بِهِمْ خَصَاصَةٌ﴾ [الحشر: ۹]

” وہ اپنے اوپر انھیں ترجیح دیتے ہیں، گوخود کتنی ہی سخت حاجت ہو“۔

بے وفائی اوربدعہدی کی حرمت

اسلام کے محاسن میں سے بے وفائی کو حرام قراردینا بھی ہے، اللہ کا ارشاد ہے:

﴿ يَٰٓأَيُّهَا ٱلَّذِينَ ءَامَنُوٓاْ أَوْفُواْ بِٱلْعُقُودِ ﴾ [المائدة: ۱]

” اے ایمان والو! عہد و پیمان پورے کرو“۔

﴿وَأَوْفُواْ بِٱلْعَهْدِ ۖ إِنَّ ٱلْعَهْدَ كَانَ مَسْـُٔولًا﴾ [الإسراء: ۳۴]

”اوروعدے پورے کرو، کیونکہ قول وقرار کی باز پرس ہونے والی ہے“۔

اوررسول اللہ ﷺ کا ارشاد ہے: «لِكُلِّ غَادِرٍ لِوَاءٌ، يُنْصَبُ بِغَدْرَتِهِ يَوْمَ الْقِيَامَةِ». (بخاري /الجزية۲۲ (۳۱۸۸)

"ہر دغا باز کے لئے قیامت کے دن ایک جھنڈا ہو گا جو اس کی دغا بازی کی علامت کے طور پر (اس کے پیچھے) گاڑ دیا جائے گا"۔

نیز آپ ﷺ نے فرمایا: «أَرْبَعٌ مَنْ كُنَّ فِيهِ كَانَ مُنَافِقًا خَالِصًا، وَمَنْ كَانَتْ فِيهِ خَصْلَةٌ مِنْهُنَّ كَانَتْ فِيهِ خَصْلَةٌ مِنَ النِّفَاقِ حَتَّى يَدَعَهَا، إِذَا اؤْتُمِنَ خَانَ، وَإِذَا حَدَّثَ كَذَبَ، وَإِذَا عَاهَدَ غَدَرَ». (بخاري/ المظالم ١٧ (٢٤٥٩)

"چار عادتیں جس کسی میں ہوں تو وہ خالص منافق ہے، اور جس کسی میں ان چاروں میں سے ایک عادت ہو تو وہ (بھی) نفاق ہی ہے، جب تک اسے نہ چھوڑ دے، (وہ یہ ہیں) جب اسے امین بنایا جائے تو (امانت میں) خیانت کرے، اور بات کرتے وقت جھوٹ بولے، اور جب (کسی سے) عہد کرے تو اسے پورا نہ کرے"۔

نیز آپ ﷺ نے فرمایا: «قَالَ اللَّهُ تَعَالَى: ثَلاثَةٌ أَنَا خَصْمُهُمْ يَوْمَ الْقِيَامَةِ: رَجُلٌ أَعْطَى بِي ثُمَّ غَدَرَ، وَرَجُلٌ بَاعَ حُرًّا فَأَكَلَ ثَمَنَهُ، وَرَجُلٌ اسْتَأْجَرَ أَجِيرًا فَاسْتَوْفَى مِنْهُ وَلَمْ يُعْطِهِ أَجْرَهُ». (بخاري /الاجارة ١٠ (٢٢٧٠)

"اللہ تعالیٰ کا فرمان ہے کہ تین قسم کے لوگ ایسے ہیں کہ جن کا قیامت میں میں خود مدعی بنوں گا۔ ایک تو وہ شخص جس نے میرے نام پہ عہد کیا، اور پھر وعدہ خلافی کی۔ دوسرا وہ جس نے کسی آزاد آدمی کو بیچ کر اس کی قیمت کھائی۔ اور تیسرا وہ شخص جس نے کسی کو مزدور کیا، پھر کام تو اس سے پورا لیا، لیکن اس کی مزدوری نہ دی"۔

روزی کمانے کا حکم

اسلام کے محاسن میں سے کام کرنے اور روزی کمانے کی ترغیب دینا، اور سستی اور بلاضرورت لوگوں سے مانگنے کو روکنا ہے، اسلام کوشش، عمل اور جدوجہد کا دین ہے، سستی، عاجزی اور کاہلی کا دین نہیں، اسلام وہ دین ہے جو انسانی عزت وقار اور شخصی بزرگی کا محافظ ہے، اللہ کا ارشاد ہے:

﴿وَقُلِ ٱعۡمَلُواْ فَسَيَرَى ٱللَّهُ عَمَلَكُمۡ﴾ [التوبة: ١٠٥]

"کہہ دیجئے کہ تم عمل کئے جاؤ، تمہارے عمل اللہ اور اس کے رسول خود دیکھ لیں گے"۔

﴿وَأَن لَّيۡسَ لِلۡإِنسَٰنِ إِلَّا مَا سَعَىٰ ٣٩ وَأَنَّ سَعۡيَهُۥ سَوۡفَ يُرَىٰ﴾ [النجم:٣٩-٤٠]

"ہر انسان کے لیے صرف وہی ہے جس کی کوشش خود اس نے کی ہے، اور بیشک ان کی کوشش عنقریب دیکھی جائے گی"۔

اور اسلام دین و دنیا دونوں کے لیے کوشش کرنے کی ترغیب دیتا ہے، اللہ کا ارشاد ہے:

﴿وَٱبۡتَغِ فِيمَآ ءَاتَىٰكَ ٱللَّهُ ٱلدَّارَ ٱلۡأٓخِرَةَۖ وَلَا تَنسَ نَصِيبَكَ مِنَ ٱلدُّنۡيَا﴾ [القصص: ٧٧]

"اور جو کچھ اللہ تعالیٰ نے تجھے دے رکھا ہے اس میں سے آخرت کے گھر کی تلاش بھی رکھو، اور اپنے دنیوی حصے کو بھی نہ بھولو"۔

اور فرمایا:

﴿ فَإِذَا قُضِيَتِ ٱلصَّلَوٰةُ فَٱنتَشِرُواْ فِى ٱلْأَرْضِ وَٱبْتَغُواْ مِن فَضْلِ ٱللَّهِ ﴾

[الجمعة: ١٠]

"جب نماز ہو چکے تو زمین میں پھیل جاؤ، اور اللہ کا فضل تلاش کرو"۔

کھانے پینے میں اعتدال کا حکم

اسلام کے محاسن میں سے کھانے اور پینے میں اعتدال ومیانہ روی اختیار کرنے کی ہدایت بھی ہے ، اللہ کا ارشاد ہے:

﴿ وَكُلُواْ وَٱشْرَبُواْ وَلَا تُسْرِفُوٓاْ ۚ إِنَّهُۥ لَا يُحِبُّ ٱلْمُسْرِفِينَ ﴾ [الأعراف: ٣١]

" خوب کھاؤ اور پیو اور حد سے مت نکلو، بیشک اللہ حد سے نکل جانے والوں کو پسند نہیں کرتا"۔

اور ایک حدیث میں یوں ہے: عَنْ مِقْدَامِ بْنِ مَعْدِي كَرِبَ، قَالَ: سَمِعْتُ رَسُولَ اللهِ صَلَّى اللهُ عَلَيْهِ وَسَلَّمَ يَقُولُ: «مَا مَلأَ آدَمِيٌّ وِعَاءً شَرًّا مِنْ بَطْنٍ بِحَسْبِ ابْنِ آدَمَ أُكُلاَتٌ يُقِمْنَ صُلْبَهُ، فَإِنْ كَانَ لاَ مَحَالَةَ فَثُلُثٌ لِطَعَامِهِ، وَثُلُثٌ لِشَرَابِهِ، وَثُلُثٌ لِنَفَسِهِ». (ترمذي /الزهد ٤٧ (٢٣٨٠)،ابن ماجه/الأطعمة ٥٠ (٣٣٤٩) (صحيح)

مقدام بن معدیکرب رضی اللہ عنہ کہتے ہیں کہ میں نے رسول اللہ صلی اللہ علیہ وسلم کو یہ فرماتے ہوئے سنا: "کسی آدمی نے کوئی برتن اپنے پیٹ سے زیادہ برا نہیں بھرا، آدمی کے لیے چند لقمے ہی کافی ہیں جو اس کی پیٹھ کو سیدھا رکھیں، اور اگر زیادہ ہی کھانا ضروری ہو تو پیٹ کا ایک تہائی حصہ

اپنے کھانے کے لیے، ایک تہائی پانی پینے کے لیے، اور ایک تہائی سانس لینے کے لیے باقی رکھے"۔

☆ اوراسلام کے محاسن میں سے حقوق کی ادائیگی میں ٹال مٹول کرنے کی ممانعت بھی ہے، رسول اللہ ﷺ کاارشاد ہے: «مَطْلُ الْغَنِيِّ ظُلْمٌ، وَإِذَا أُتْبِعَ أَحَدُكُمْ عَلَى مَلِيءٍ، فَلْيَتْبَعْ». (مسلم/البیوع۷ (۱٥٦٤)

"مال دار کا ٹال مٹول کرنا ظلم ہے اور جب کسی کا قرض مال دار پر اتار دیا جائے تو وہ اسی کا پیچھا کرے"۔

تنگ دست کو مہلت دینے کا حکم

اسلام کے محاسن میں سے تنگدست کو مہلت دینے کا حکم بھی ہے، اللہ کا ارشادہے:

﴿وَإِن كَانَ ذُو عُسْرَةٍ فَنَظِرَةٌ إِلَىٰ مَيْسَرَةٍ﴾ [البقرة: ۲۸۰]

"اوراگر کوئی تنگی والا ہو تو اسے آسانی تک مہلت دینی چاہئے"۔

ابوہریرہ رضی اللہ عنہ سے روایت ہے کہ نبی اکرم ﷺ نے فرمایا: «كَانَ تَاجِرٌ يُدَايِنُ النَّاسَ؛ فَإِذَا رَأَى مُعْسِرًا قَالَ لِفِتْيَانِهِ: تَجَاوَزُوا عَنْهُ، لَعَلَّ اللَّهَ أَنْ يَتَجَاوَزَ عَنَّا؛ فَتَجَاوَزَ اللَّهُ عَنْهُ». (بخاري/البيوع ۱۸ (۲۰۷۸)

"ایک تاجر لوگوں کو قرض دیا کرتا تھا۔ جب کسی تنگ دست کو دیکھتا تو اپنے نوکروں سے کہہ دیتا کہ اس سے درگذر کر جاؤ۔ شاید کہ اللہ

تعالیٰ بھی ہم سے (آخرت میں) درگذر فرمائے۔ چنانچہ اللہ تعالیٰ نے (اس کے مرنے کے بعد) اس کو بخش دیا"۔

اور نبی اکرم ﷺ نے فرمایا: «مَنْ أَنْظَرَ مُعْسِرًا، كَانَ لَهُ بِكُلِّ يَوْمٍ صَدَقَةٌ، وَمَنْ أَنْظَرَهُ بَعْدَ حِلِّهِ كَانَ لَهُ مِثْلُهُ، فِي كُلِّ يَوْمٍ صَدَقَةٌ». (ابن ماجہ/الصدقات ١٤ (٢٤١٨) (صحیح)

"جو کسی تنگ دست کو مہلت دے گا تو اس کو ہر دن کے حساب سے ایک صدقہ کا ثواب ملے گا، اور جو کسی تنگ دست کو میعاد گزر جانے کے بعد مہلت دے گا تو اس کو ہر دن کے حساب سے اس کے قرض کے صدقہ کا ثواب ملے گا"۔

رشوت کی حرمت اور نادم کو معاف کرنے کی ترغیب

اسلام کے محاسن میں رشوت سے منع کرنا ہے، ابوہریرہ رضی اللہ عنہ سے روایت ہے کہ رسول اللہ ﷺ نے فرمایا: «لَعَنَ رَسُولُ اللهِ صَلَّى اللهُ عَلَيْهِ وَسَلَّمَ الرَّاشِيَ وَالْمُرْتَشِيَ فِي الْحُكْمِ». (ترمذی/الاحکام ٩ (١٣٣٦) (صحیح)

"فیصلے میں رشوت دینے والے، اور رشوت لینے والے دونوں پر لعنت بھیجی ہے"۔

اور رائش اس شخص کو کہتے ہیں جو دونوں کے درمیان واسطہ بنتا ہو یعنی دلال۔

☆ اور اسلام کے محاسن میں نادم کو معاف کرنے کی ترغیب دینا بھی

ہے، کیونکہ اس میں احسان اورنیکی اور اس کی دل جوئی ہے، حدیث میں آتا ہے: « مَنْ أَقَالَ مُسْلِمًا أَقَالَهُ اللَّهُ عَثْرَتَهُ ». (أبو داود/البيوع ٥٤ (٣٤٦٠) اين ماجه/التجارات ٢٦ (٢١٩٩)، مسند أحمد (٢/٢٥٢) (صحیح)

" جوکوئی اپنے مسلمان بھائی سے فروخت کا معاملہ فسخ کرلے، تو اللہ تعالی قیامت کے دن اس کے گناہ معاف کردے گا"۔

وصلى الله على محمد وسلم.

دین میں خیر خواہی کا حکم

اسلام کے محاسن میں سے اللہ اور اس کی کتاب، اور اس کے رسول، اور ائمہ اسلام، اور عامۃ المسلمین کے ساتھ خیر خواہی کرنا ہے۔

اللہ کے لیے خیر خواہی کا مطلب یہ ہے کہ اس پر ایمان لایا جائے، اور اس سے شریک وساجھی کو دور کیا جائے، اور اس کے ناموں اور صفتوں کی غلط تاویل نہ کی جائے، اور اُسے اوصاف کمال کے ساتھ موصوف کیا جائے، اور نقائص اور عیوب سے اس کو پاک سمجھا جائے، اس کے حکم کی اطاعت کی جائے، اور اس کی منع کردہ چیزوں سے بچا جائے، اور اس کی اطاعت کرنے والوں سے دوستی کی جائے، اور اس کی نافرمانی کرنے والوں سے دشمنی کی جائے، اور ان کے علاوہ دوسرے واجبات ادا کیے جائیں۔

اور اللہ کی کتاب کے ساتھ خیر خواہی کا مطلب یہ ہے کہ اس پر یہ ایمان لایا جائے کہ یہ اللہ کا کلام ہے، اتارا گیا، مخلوق نہیں ہے، اور جس چیز کو اللہ نے حلال کیا اس کو حلال ماننا، اور اس کی حرام کی ہوئی چیز کو حرام ماننا، اور اس کی ہدایت پر چلنا، اس کے معانی پر غور کرنا، اس کے حقوق کو ادا کرنا، اس کے مواعظ سے نصیحت حاصل کرنا، اور اس کی دھمکیوں سے عبرت حاصل کرنا۔

اور رسول اللہ ﷺ کے لیے خیر خواہی کا مطلب آپ کی لائی ہوئی شریعت کی تصدیق کرنا، آپ سے محبت کرنا، اور جان ومال اور اولاد پر آپ کو ترجیح دینا، اور زندگی اور موت دونوں حالتوں میں آپ کی عزت کرنا، اور آپ کی سنت کو سیکھنا، اور اس کو پھیلانا، اور اس پر عمل کرنا، اور ہر شخص کی بات پر (خواہ وہ کوئی بھی ہو) آپ کی بات کو مقدم رکھنا۔

اور مسلمان پیشواؤں کے ساتھ خیر خواہی کرنے کا مطلب یہ ہے حق پر ان کی مدد کی جائے، اور اسی میں ان کی اطاعت کی جائے ، اور اس کا ان کو حکم دیا جائے، اور لوگوں کی ضرورتوں کو پوری کرنے کے لیے انھیں یاد دہانی کی جائے، اور مہربانی ونرمی اور انصاف کی تاکید کی جائے، اور ان کی ولایت کو تسلیم کیا جائے، اور اللہ کی نافرمانی کے علاوہ باتوں میں ان کے احکام کو سنا اور مانا جائے، اور لوگوں کو اس کی ترغیب دی جائے اور جہاں تک ہوسکے ان کی رہنمائی کی جائے، اور ان چیزوں کی طرف انھیں متنبہ کیا جائے جو ان کے لیے مفید ہوں، اور دوسروں کو بھی فائدہ پہونچا سکیں اور ان کے حقوق کو ادا کیا جائے۔

اور عام مسلمانوں کے ساتھ خیر خواہی کا مطلب یہ ہے کہ ان کے دینی اور دنیاوی مصالح کی طرف ان کی رہنمائی کی جائے، ان سے تکلیف کو دور کیا جائے، اور اپنے جن دینی امور کو وہ نہیں جانتے ان کی تعلیم دی جائے ، انھیں اچھی بات کا حکم دیا جائے اور بری باتوں سے روکا جائے، اور ان کے وہی بات پسند کی جائے جو اپنے لیے پسند ہو، اور ان کے لیے

وہی بات ناپسند کی جائے جو اپنے لیے ناپسند ہو، اور حتی الامکان اس کے لیے کوشش کی جائے۔

صلہ رحمی کا حکم

اسلام کے محاسن میں سے یہ بھی ہے کہ اس نے رشتہ توڑنے سے روکا، اللہ کا ارشاد ہے:

﴿فَهَلْ عَسَيْتُمْ إِن تَوَلَّيْتُمْ أَن تُفْسِدُوا۟ فِى ٱلْأَرْضِ وَتُقَطِّعُوٓا۟ أَرْحَامَكُمْ﴾

[محمد: ۲۲]

"اورتم سے یہ بھی بعید ہیں کہ اگرتم کو حکومت مل جائے تو تم زمین میں فساد برپا کردو، اور رشتے ناتے توڑڈالو"۔

اور رسول اللہ ﷺ کا ارشاد ہے: «الرَّحِمُ مُعَلَّقَةٌ بِالْعَرْشِ، تَقُولُ مَنْ وَصَلَنِي وَصَلَهُ اللَّهُ، وَمَنْ قَطَعَنِي قَطَعَهُ اللَّهُ». (مسلم /البر والصلة ٦ (٢٥٥٥)

" ناتا عرش سے لٹکا ہوا ہے، اور وہ کہتا ہے جو مجھ کو ملا دے اللہ اس کو اپنے سے ملا دے گا، جو مجھے کاٹے گا اللہ اسے اپنے سے کاٹ دے گا"۔

اور طبرانی میں عبداللہ بن ابی اوفی رضی اللہ عنہ سے مروی ہے کہ نبی اکرم ﷺ نے فرمایا: «إنَّ الملائكةَ لاَ تَنْزِلُ عَلى قَومٍ فِيهِمْ قَاطِعُ رحمٍ».

(مجمع الزوائد ٨ /١٥٣ (ضعيف الجامع للألباني : ١٧٩١) (موضوع)

"فرشتے ان لوگوں پر نازل نہیں ہوتے جن میں کوئی رشتہ داری کا کاٹنے والا ہو"۔

رہبانیت کی ممانعت

دین اسلام کے محاسن میں سے یہ بھی ہے کہ دین میں تشدد کرنے اور پاکیزہ چیزوں کے چھوڑنے سے اس لیے منع کیا ہے، کیونکہ اسلام آسانی، سہولت اور اعتدال کا دین ہے۔ جیساکہ انس رضی اللہ عنہ کی روایت سے بڑی وضاحت ہوتی ہے: «أَنَسَ بْنَ مَالِكٍ رَضِيَ اللَّهُ عَنْهُ يَقُولُ: جَاءَ ثَلاثَةُ رَهْطٍ إِلَى بُيُوتِ أَزْوَاجِ النَّبِيِّ صَلَّى اللهُ عَلَيْهِ وَسَلَّمَ، يَسْأَلُونَ عَنْ عِبَادَةِ النَّبِيِّ صَلَّى اللهُ عَلَيْهِ وَسَلَّمَ، فَلَمَّا أُخْبِرُوا كَأَنَّهُمْ تَقَالُّوهَا؛ فَقَالُوا: وَأَيْنَ نَحْنُ مِنَ النَّبِيِّ صَلَّى اللهُ عَلَيْهِ وَسَلَّمَ قَدْ غُفِرَ لَهُ مَا تَقَدَّمَ مِنْ ذَنْبِهِ وَمَا تَأَخَّرَ، قَالَ أَحَدُهُمْ: أَمَّا أَنَا؛ فَإِنِّي أُصَلِّي اللَّيْلَ أَبَدًا، وَقَالَ آخَرُ: أَنَا أَصُومُ الدَّهْرَ وَلا أُفْطِرُ وَقَالَ آخَرُ: أَنَا أَعْتَزِلُ النِّسَاءَ، فَلا أَتَزَوَّجُ أَبَدًا فَجَاءَ رَسُولُ اللَّهِ صَلَّى اللهُ عَلَيْهِ وَسَلَّمَ إِلَيْهِمْ؛ فَقَالَ: «أَنْتُمُ الَّذِينَ قُلْتُمْ كَذَا وَكَذَا، أَمَا وَاللَّهِ إِنِّي لَأَخْشَاكُمْ لِلَّهِ وَأَتْقَاكُمْ لَهُ، لَكِنِّي أَصُومُ وَأُفْطِرُ، وَأُصَلِّي وَأَرْقُدُ، وَأَتَزَوَّجُ النِّسَاءَ؛ فَمَنْ رَغِبَ عَنْ سُنَّتِي فَلَيْسَ مِنِّي». (بخاري/النكاح ١ (٥٠٦٣)

انس بن مالک رضی اللہ عنہ بیان فرماتے ہیں: تین حضرات (علی بن ابی طالب، عبد اللہ بن عمرو بن العاص اور عثمان بن مظعون رضی اللہ عنہم) رسول اللہ صلی اللہ علیہ وسلم کی ازواج مطہرات کے گھروں کی طرف آپ کی عبادت کے

متعلق پوچھنے آئے، جب انھیں رسول اللہ ﷺ کا عمل بتایا گیا تو جیسے انھوں نے اسے کم سمجھا، اور کہا کہ ہمارا رسول اللہ ﷺ سے کیا مقابلہ! آپ کی تو تمام اگلی پچھلی لغزشیں معاف کر دی گئی ہیں۔ ان میں سے ایک نے کہا کہ آج سے میں ہمیشہ رات بھر نماز پڑھا کروں گا، دوسرے نے کہا کہ میں ہمیشہ روزے سے رہوں گا اور کبھی ناغہ نہیں ہونے دوں گا تیسرے نے کہا کہ میں عورتوں سے جدائی اختیار کر لوں گا، اور کبھی نکاح نہیں کروں گا۔ پھر رسول اللہ ﷺ تشریف لائے، اور ان سے پوچھا: "کیا تم نے ہی یہ باتیں کہی ہیں؟ سن لو! اللہ تعالیٰ کی قسم! اللہ رب العالمین سے میں تم سب سے زیادہ ڈرنے والا ہوں، میں تم سب سے زیادہ پرہیز گار ہوں، لیکن میں اگر روزے رکھتا ہوں تو افطار بھی کرتا رہتا ہوں، نماز بھی پڑھتا ہوں (رات میں) اور سوتا بھی ہوں اور میں عورتوں سے نکاح کرتا ہوں۔ میرے طریقے سے جس نے بے رغبتی کی وہ مجھ سے نہیں ہے"۔

اے اللہ! دنیا کو ہمارا سب سے بڑا مقصد نہ بنا، اور نہ ہمارے علم کی انتہا، اور نہ جہنم کو ہمارا ٹھکانا بنا، اور ہمارے گناہوں کے سبب ہم پر اس شخص کو مسلط نہ کرنا جو ہمارے بارے میں تجھ سے ڈرتا نہ ہو، اور نہ ہم پر رحم کرتا ہو، اور اے ارحم الراحمین اپنی رحمت خاص سے ہم کو اور ہمارے والدین اور تمام مسلمانوں کو، بخش دے۔

وصلی اللہ علی محمد وعلی آلہ وصحبہ أجمعین.

بھلائی کے کام اور یادِ آخرت کی ترغیب

دین اسلام کے محاسن میں سے بھلائی کی طرف دعوت دینا، اور بھلی بات کا حکم کرنا اور بری بات سے منع کرنا بھی ہے، ابوہریرہ رضی اللہ عنہ سے روایت ہے کہ رسول اللہ صلی اللہ علیہ وسلم نے فرمایا: «مَنْ دَعَا إِلَى هُدًى كَانَ لَهُ مِنَ الأَجْرِ مِثْلُ أُجُورِ مَنْ تَبِعَهُ لا يَنْقُصُ ذَلِكَ مِنْ أُجُورِهِمْ شَيْئًا، وَمَنْ دَعَا إِلَى ضَلالَةٍ كَانَ عَلَيْهِ مِنَ الإِثْمِ مِثْلُ آثَامِ مَنْ تَبِعَهُ لا يَنْقُصُ ذَلِكَ مِنْ آثَامِهِمْ شَيْئًا». (مسلم/العلم ٦ (٢٦٧٤)

”جو شخص دوسروں کو نیک عمل کی دعوت دیتا ہے تو اس کی دعوت سے جتنے لوگ ان نیک باتوں پر عمل کرتے ہیں ان سب کے برابر اس دعوت دینے والے کو بھی ثواب ملتا ہے، اور عمل کرنے والوں کے ثواب میں سے کوئی کمی نہیں کی جاتی، اور جو کسی گمراہی و ضلالت کی طرف بلاتا ہے تو جتنے لوگ اس کے بلانے سے اس پر عمل کرتے ہیں ان سب کے برابر اس کو گناہ ہوتا ہے، اور ان کے گناہوں میں (بھی) کوئی کمی نہیں ہوتی“۔

☆ اور اسلام کے محاسن میں سے آدمی کو یہ ترغیب دینی بھی ہے کہ زندگی کے ان ایام سے فائدہ اٹھاکر وہ کام کیے جائیں جو آخرت کے

لیے مفید ہوں، ابوہریرہ رضی اللہ عنہ سے روایت ہے کہ رسول اللہ ﷺ نے فرمایا: «إِذَا مَاتَ الإِنْسَانُ انْقَطَعَ عَنْهُ عَمَلُهُ إِلا مِنْ ثَلاثَةٍ: إِلا مِنْ صَدَقَةٍ جَارِيَةٍ أَوْ عِلْمٍ يُنْتَفَعُ بِهِ أَوْ وَلَدٍ صَالِحٍ يَدْعُو لَهُ». (مسلم/الوصية ٣ (١٦٣١)

"جب انسان مرتا ہے تو اس کا عمل اس سے منقطع ہو جاتا ہے سوائے تین چیزوں کے۔ صدقہ جاریہ، نفع بخش علم، اور صالح اولاد جو اس کے لیے دعا کرے"۔

﴿يَٰٓأَيُّهَا ٱلَّذِينَ ءَامَنُواْ ٱتَّقُواْ ٱللَّهَ وَلْتَنظُرْ نَفْسٌ مَّا قَدَّمَتْ لِغَدٍ﴾ [الحشر:١٨]

"اے ایمان والو! اللہ سے ڈرتے رہو، اور شخص دیکھ بھال کہ (قیامت) کے واسطے اس نے (اعمال کا) کیا (ذخیرہ بھیجا ہے"۔

اللہ پر اعتماد کامل کی ترغیب

اسلام کے محاسن میں سے یہ بھی ہے کہ اس نے ترغیب دی ہے کہ صرف اللہ پر اعتماد کیا جائے، پھر اپنے ایمان اور عمل صالح پر، اللہ کے مقرب بندوں پر اعتماد نہ کیا جائے، ابوہریرہ رضی اللہ عنہ سے روایت ہے کہ جب آیت:

﴿وَأَنذِرْ عَشِيرَتَكَ ٱلْأَقْرَبِينَ﴾ [الشعراء:٢١٤]

"اپنے قریبی رشتہ والوں کو ڈرائیں"۔ نازل ہوئی تو آپ ﷺ کھڑے ہوئے اور فرمایا: «يَا مَعْشَرَ قُرَيْشٍ! أَنْقِذُوا أَنْفُسَكُمْ مِنَ النَّارِ؛ فَإِنِّي لا أَمْلِكُ لَكُمْ مِنَ اللَّهِ ضَرًّا وَلا نَفْعًا، يَا مَعْشَرَ بَنِي عَبْدِ مَنَافٍ! أَنْقِذُوا أَنْفُسَكُمْ مِنَ النَّارِ؛ فَإِنِّي لاأَمْلِكُ لَكُمْ مِنَ اللَّهِ ضَرًّا وَلا نَفْعًا، يَامَعْشَرَ

بَنِي قُصَيٍّ! أَنْقِذُوا أَنْفُسَكُمْ مِنَ النَّارِ؛ فَإِنِّي لا أَمْلِكُ لَكُمْ ضَرًّا وَلا نَفْعًا، يَامَعْشَرَ بَنِي عَبْدِ الْمُطَّلِبِ! أَنْقِذُوا أَنْفُسَكُمْ مِنَ النَّارِ فَإِنِّي لا أَمْلِكُ لَكُمْ ضَرًّا وَلا نَفْعًا، يَا فَاطِمَةُ بِنْتَ مُحَمَّدٍ أَنْقِذِي نَفْسَكِ مِنَ النَّارِ فَإِنِّي لا أَمْلِكُ لَكِ ضَرًّا وَلا نَفْعًا، إِنَّ لَكِ رَحِمًا سَأَبُلُّهَا بِبَلالِهَا».

(بخاري/الوصايا ١١ (٢٧٥٣)، مسلم/الإيمان ٨٩ (٢٠٤)

"اے قریش کے لوگو! جانوں کو آگ سے بچالو، اس لیے کہ میں تمہیں اللہ کے مقابل میں کوئی نقصان یا کوئی نفع پہنچانے کی طاقت نہیں رکھتا۔ اے بنی عبد مناف کے لوگو! اپنے آپ کو جہنم سے بچالو، کیوں کہ میں تمہیں اللہ کے مقابل میں کسی طرح کا نقصان یا نفع پہنچانے کا اختیار نہیں رکھتا، اے بنی قصی کے لوگو! اپنی جانوں کو آگ سے بچالو۔ کیوں کہ میں تمہیں کوئی نقصان یا فائدہ پہنچانے کی طاقت نہیں رکھتا۔ اے بنی عبد المطلب کے لوگو! اپنے آپ کو آگ سے بچالو، کیوں کہ میں تمہیں کسی طرح کا ضرر یا نفع پہنچانے کا اختیار نہیں رکھتا، اے فاطمہ بنت محمد! اپنی جان کو جہنم کی آگ سے بچالے، کیوں کہ میں تجھے کوئی نقصان یا نفع پہنچانے کا اختیار نہیں رکھتا، تم سے میرا رحم (خون) کا رشتہ ہے سو میں احساس کو تازہ رکھوں گا"۔

☆ اور اسلام کے محاسن میں یہ ہے کہ نفس کو اصلاح کی پابندی کا حکم دیا جائے کہ آدمی اللہ کے حکم کو ادا کرنے کا پابند ہو جائے، اور جس چیز سے اس نے منع کیا ہے اس سے باز آنے اور معروف کا حکم دے، اور

منکر سے روکے اور تقویٰ کی ترغیب دینے والی آیات بہت ہیں۔

☆ اوراسلام کے محاسن میں سے یہ بھی ہے کہ وہ انسان کو اپنے رب کے ساتھ دائمی تعلق پرلگادیتاہے، جب اللہ کی نعمت ملتی ہے تب بھی، اور جب اس پر سختی آتی ہے تب بھی، رسول اللہ ﷺ کا ارشادہے: «عَجَبًا لأمرِ المؤمنِ، إنّ أمرَهُ كلّه له خَيرٌ، ولَيْسَ ذالكَ لأحدٍ إلا للمؤمنِ، إنْ أصابَتْهُ سَرّاءُ شَكَرَ، فكانَ خيراً له، وإنْ أصابَتْهُ ضرّاءُ صَبَرَ، فكانَ خيراً لَهُ». (مسلم /الزهد١٣ (٢٩٩٩)

"مومن کا معاملہ کتنا عجیب ہے ، اس کا سارا کام خیرہی خیرہے، اور یہ خصوصیت مومن کے علاوہ کسی اور کو حاصل نہیں،اگر اسے خوشی پہونچتی ہے تو شکر اداکرتاہے، جب بھی اس کے لیے بہتر ہوتاہے ، اگراسے تکلیف پہنچتی ہے توصبر کرتاہے، تب بھی اس کے حق میں بہترہوتا ہے"۔

اصلاحِ معاشرہ کی ترغیب

اسلام کے محاسن میں سے یہ ہے کہ وہ مخلوق کو ترغیب دیتاہے، اوروہ انھیں اپنے نفس اور اپنے سماج کی اصلاح کی طرف توجہ دلاتاہے، اور ان کی رہنمائی کرتاہے، اورانھیں بتاتاہے کہ وہ کس طرح اپنی عقلوں کو آزاد کریں، اور اسے ضلالت کی پستی سے نکال کر اللہ عزوجل کی بندگی پر لگائیں، اور انھیں سمجھاتاہے کہ کس طرح وہ اپنے نفوس کی صفائی، اورروحوں کو

پنجوقتہ نماز پڑھ کر غذا دیں، اور اللہ کا حق زکاۃ دے کر کس طرح اپنے مالوں کو صاف کر سکتے ہیں ، اور کس طرح ایک مسلمان خاندان کی مضبوط تعمیر کریں، جو سوسائٹی کا مغز ہے، وہ اس طرح کہ لوگ آپس میں ملے رہیں، اور اپنی رشتہ داری کا حق جانیں، اور بکثرت آیات واحادیث اس مضمون کو بیان کر رہی ہیں۔

عَنْ أَبِي أَيُّوبَ رَضِيَ اللَّهُ عَنْهُ أَنَّ رَجُلا قَالَ لِلنَّبِيِّ صَلَّى اللهُ عَلَيْهِ وَسَلَّمَ أَخْبِرْنِي بِعَمَلٍ يُدْخِلُنِي الْجَنَّةَ، قَالَ: مَا لَهُ، مَا لَهُ؟ وَقَالَ النَّبِيُّ صَلَّى اللهُ عَلَيْهِ وَسَلَّمَ: «أَرَبٌ مَا لَهُ؟ تَعْبُدُ اللَّهَ وَلا تُشْرِكُ بِهِ شَيْئًا، وَتُقِيمُ الصَّلاةَ، وَتُؤْتِي الزَّكَاةَ، وَتَصِلُ الرَّحِمَ». (بخاري/الزكاة١ (١٣٩٦)، مسلم/الإيمان ٤ (١٣)

ابو ایوب رضی اللہ عنہ بیان فرماتے ہیں کہ ایک شخص نے رسول اللہ صلی اللہ علیہ وسلم سے پوچھا کہ آپ مجھے کوئی ایسا عمل بتائیے جو مجھے جنت میں لے جائے۔ اس پر لوگوں نے کہا کہ آخر یہ کیا چاہتا ہے ۔ لیکن رسول اللہ صلی اللہ علیہ وسلم نے فرمایا: "یہ تو بہت اہم ضرورت ہے ۔(سنو) اللہ کی عبادت کرو، اور اس کا کوئی شریک نہ ٹھہراؤ۔صلاۃ قائم کرو۔ زکاۃ دو صلہ رحمی کرو"۔

☆ اوراسلام کے محاسن میں سے جاننے والے کے لیے باطل کے ساتھ لڑنے کو حرام قراردیا، اور جو شخص اس کی مقرر کردہ حدود کو معطل کرتا ہے اس کے لیے شفاعت کرنا حرام قرار دیا، اور مومن کے بارے میں ایسی بات کہنا حرام ہے جو اس کے اندر موجود نہیں، الغرض وہ مقاصد جنھیں پورا کرنے کا اسلام حریص ہے،وہ یہ ہے کہ

انسانی سوسائٹی انصاف اور رحم دلی کی مضبوط بنیادوں پر قائم ہو جائے، اور انسان محبت کی روح، اور نتیجہ خیز تعاون کو بلند کریں، اور کمزور کرنے والے اسباب سے بچے رہیں، عبداللہ بن عمر رضی اللہ عنہما سے روایت ہے کہ رسول اللہ ﷺ نے فرمایا: «مَنْ حَالَتْ شَفَاعَتُهُ دُونَ حَدٍّ مِنْ حُدُودِ اللَّهِ، فَقَدْ ضَادَّ اللَّهَ، وَمَنْ خَاصَمَ فِي بَاطِلٍ وَهُوَ يَعْلَمُهُ لَمْ يَزَلْ فِي سَخَطِ اللَّهِ حَتَّى يَنْزِعَ [عَنْهُ]، وَمَنْ قَالَ فِي مُؤْمِنٍ مَا لَيْسَ فِيهِ أَسْكَنَهُ اللَّهُ رَدْغَةَ الْخَبَالِ حَتَّى يَخْرُجَ مِمَّا قَالَ». (ابوداود/الأقضية ١٤ ٣٥٩٧) مسند احمد (٢/٧٠، ٨٢) (صحیح)

"جس نے اللہ کے حدود میں سے کسی حد کو روکنے کی سفارش کی تو گویا اس نے اللہ کی مخالفت کی، اور جو جانتے ہوئے کسی باطل امر کے لئے جھگڑے تو وہ برابر اللہ کی ناراضگی میں رہے گا یہاں تک کہ اس جھگڑے سے دستبردار ہو جائے، اور جس نے کسی مؤمن کے بارے میں کوئی ایسی بات کہی جو اس میں نہیں تھی تو اللہ اس کا ٹھکانہ جہنمیوں میں بنائے گا یہاں تک کہ اپنی کہی ہوئی بات سے توبہ کر لے"۔

جھوٹی گواہی کی ممانعت

دین اسلام کے محاسن میں سے جھوٹی گواہی اور جھوٹ بولنے کو حرام کرنا ہے کیونکہ اس میں بڑے نقصانات اور مفاسد ہیں، ان نقصانات میں سے یہ ہے کہ وہ شخص دوسرے کی دنیا کے عوض اپنی آخرت بیچ دیتا ہے، اور یہ کہ وہ اس شخص کے ساتھ ظلم پر اس کی مدد کر کے بدسلوکی کرتا ہے جس

کے خلاف گواہی دیتاہے، اور اس کے ساتھ بھی برابر تاؤ کرتا ہے جس کے خلاف گواہی دیتا ہے ، کیونکہ اسے حق سے محروم کردیتاہے، اور وہ قاضی کے ساتھ بھی برابرتاؤ کرتا ہے کہ اسے حق کی راہ سے بھٹکاتا ہے اور وہ امت کے ساتھ بھی بدسلوکی کرتا کہ اس کے حقوق کو متزلزل کردیتاہے، اور اس کے خلاف بے اطمینان پیدا کرتا ہے۔

دورِ جاہلیت کے رسوم کی ممانعت

اسلام کے محاسن میں سے رسوم جاہلیت کو باطل اور حرام کرنا بھی ہے، جیسے نسب میں طعن کرنا، اور میت پر نوحہ کرنا، جیسا کہ صحیح مسلم میں ابوہریرہ رضی اللہ عنہ سے روایت ہے کہ رسول اللہ صلی اللہ علیہ وسلم نے فرمایا: «اثْنَتَانِ فِي النَّاسِ هُمَا بِهِمْ كُفْرٌ: الطَّعْنُ فِي النَّسَبِ، وَالنِّيَاحَةُ عَلَى الْمَيِّتِ».

(مسلم /الأيمان ٣٠ (٦٧)

" لوگوں میں دو چیزیں پائی جا رہی ہیں اور وہ دونوں ہی چیزیں ان کے لئے کفر کی حیثیت رکھتی ہیں: (١) کسی کے نسب میں عیب لگانا، (٢) کسی میت پر چیخ چلا کر رونا اور اس کے اوصاف بیان کر کے رونا"۔

☆ اور دین اسلام کے محاسن میں سے مصیبت کے وقت گالوں پر طمانچہ مارنے اور گریبان پھاڑنے کو حرام قرار دینا ہے، صحیحین میں عبداللہ بن مسعود رضی اللہ عنہ سے مروی ہے کہ رسول اللہ صلی اللہ علیہ وسلم نے فرمایا: «لَيْسَ مِنَّا مَنْ ضَرَبَ الْخُدُودَ، وَشَقَّ الْجُيُوبَ، وَدَعَا بِدَعْوَى الْجَاهِلِيَّةِ».

(بخاري/الجنائز ٣٨ (١٢٩٧)، مسلم/الأيمان ٤٤ (١٠٣)

”جو شخص (کسی میت پر) اپنے رخسار پیٹے، گریبان چاک کرے اور عہد جاہلیت کی سی باتیں کرے وہ ہم میں سے نہیں ہے“۔

قدرتی تالاب پر قبضہ کی ممانعت

اسلام کے محاسن میں سے اس پانی پر قبضہ جمانے اور مسافروں کو اس کے استعمال سے روکنے کو حرام کرنا ہے: جو کسی کے ساتھ خاص نہ ہو، ابوہریرہ رضی اللہ عنہ سے روایت ہے کہ رسول اللہ صلی اللہ علیہ وسلم نے فرمایا: «ثَلاثَةٌ لا يُكَلِّمُهُمُ اللَّهُ، وَلا يَنْظُرُ إِلَيْهِمْ، وَلا يُزَكِّيهِمْ، وَلَهُمْ عَذَابٌ أَلِيمٌ، رَجُلٌ عَلَى فَضْلِ مَاءٍ بِطَرِيقٍ يَمْنَعُ مِنْهُ ابْنَ السَّبِيلِ». (بخاري/الشهادات٢٢ (٢٦٧٢)

”تین طرح کے لوگ ایسے ہیں کہ اللہ تعالیٰ ان سے بات بھی نہ کرے گا، نہ ان کی طرف نظر اٹھا کر دیکھے گا، اور نہ انھیں پاک کرے گا بلکہ انھیں سخت دردناک عذاب ہو گا، ایک وہ شخص جو سفر میں ضرورت سے زیادہ پانی لئے جا رہا ہے، اور کسی مسافر کو (جسے پانی کی ضرورت ہو) نہ دے“۔

اے اللہ! ایمان کے نور سے ہمارے دلوں کو منور کردے، اور ہمیں ہدایت یافتہ لوگوں کا رہنما بنا، اور ہمیں اپنے ان صالح بندوں میں شامل کر جن پر نہ کوئی خوف ہے نہ وہ مغموم ہوں گے، اور اے ارحم الراحمین! اپنی رحمتِ خاص سے ہم کو اور ہمارے والدین اور تمام مسلمانوں کو بخش دے۔

وصلى الله على محمد وعلى آله وصحبه أجمعين.

حقیقی مفلس کون؟

اسلام کے محاسن میں سے یہ ہے کہ وہ وہ اس بات کو حرام قرار دیتا ہے کہ جان مال یا آبرو یا عقل میں سے کسی پر زیادتی کی جائے، اور وہ تمام جرائم جن پر قصاص یا حد کی سزا واجب ہے، اور اسلامی اخلاق جیسے سچائی، امانت وفا، پاکدامنی وغیرہ اسلام کی نگاہ میں کمال امور نہیں ہیں جیساکہ بعض لوگ وہم کے شکار ہوگئے بلکہ یہ واجبات ہیں جن کی ادائیگی کا اسلام حریص ہے، اور جو شخص بھی اس کے دائرہ سے نکلے گا اس کے بارے میں بتاتا ہے کہ اگر اس نے توبہ نہیں کی تو قیامت میں اس سے اس کا بدلہ لیا جائے گا۔

ابوہریرہ رضی اللہ عنہ سے روایت کہ رسول اللہ صلی اللہ علیہ وسلم نے فرمایا: «أَتَدْرُونَ مَا الْمُفْلِسُ» ؟ قَالُوا : الْمُفْلِسُ فِينَا مَنْ لَا دِرْهَمَ لَهُ وَلَا مَتَاعَ؛ فَقَالَ: «إِنَّ الْمُفْلِسَ مِنْ أُمَّتِي يَأْتِي يَوْمَ الْقِيَامَةِ بِصَلَاةٍ وَصِيَامٍ وَزَكَاةٍ، وَيَأْتِي قَدْ شَتَمَ هَذَا، وَقَذَفَ هَذَا، وَأَكَلَ مَالَ هَذَا، وَسَفَكَ دَمَ هَذَا، وَضَرَبَ هَذَا؛ فَيُعْطَى هَذَا مِنْ حَسَنَاتِهِ، وَهَذَا مِنْ حَسَنَاتِهِ؛ فَإِنْ فَنِيَتْ حَسَنَاتُهُ قَبْلَ أَنْ يُقْضَى مَا عَلَيْهِ أُخِذَ مِنْ خَطَايَاهُمْ؛ فَطُرِحَتْ عَلَيْهِ ثُمَّ طُرِحَ فِي النَّارِ». (مسلم /البر والصلة ١٥(٢٥٨١)

"کیا تم جانتے ہو کہ مفلس کون ہے"؟ لوگوں نے کہا: ہم میں مفلس وہ ہے جس کے پاس روپیہ اور اسباب نہ ہو۔ آپ نے فرمایا: "قیامت کے دن میری امت کا مفلس شخص وہ ہو گا۔ جو نماز، روزہ اور زکاۃ لے کر آئے گا، لیکن اس نے دنیا میں کسی کو گالی دی ہو گی، کسی پر تہمت لگائی ہو گی، کسی کا مال کھایا ہو گا، کسی کا خون بہایا ہو گا، کسی کو مارا ہو گا، پھر ان لوگوں کو اس کی نیکیاں دے دی جائیں گی اور جو نیکیاں اس کے گناہ ادا ہونے سے پہلے ختم ہو جائیں گی، تو ان لوگوں کی برائیاں اس پر ڈال دی جائیں گی۔ پھر اسے جہنم میں ڈال دیا جائے گا"۔

پاکیزہ گفتگو کا حکم

اسلام مسلمانوں کو تعلیم دیتا ہے کہ ان کی زندگی کے سدھار کے لیے ضروری ہے کہ وہ اپنی گفتگو میں پاک وصاف رہے، لہذا نہ کسی کی غیبت کرے، نہ چغلی کھائے، نہ گالی دے، نہ کسی مسلمان پر تہمت لگائے، نہ اس پر لعنت کرے، نہ اس کا مذاق اڑائے، نہ اس پر بہتان لگائے، نہ اس کے ساتھ جھوٹ بولے۔

ابوہریرہ رضی اللہ عنہ سے روایت ہے کہ نبی صلی اللہ علیہ وسلم نے فرمایا: «مَنْ كَانَ يُؤْمِنُ بِاللَّهِ وَالْيَوْمِ الآخِرِ، فَلْيَقُلْ خَيْرًا أَوْ لِيَصْمُتْ». (مسلم/الأيمان ١٩ (٤٧)

" جو شخص اللہ اور قیامت کے دن پر ایمان رکھتا ہو اسے چاہیے کہ بولے، تو بھلی بات بولے ورنہ چپ رہے"۔

اور آپ ﷺ نے فرمایا: «إنّ دِمَاءَكُمْ وأموالَكُمْ وأعْرَاضَكُمْ عَلَيْكُمْ حَرَامٌ». (مسلم /الحج ١٩ (١٢١٨)

"بیشک تمہارا خون ،اور تمہارے اموال، اور تمہاری آبرو تم پر حرام ہے"۔

☆ اوراسلام کے محاسن میں یہ ہے کہ وہ مومن کو اس کے فرائض کی ادائیگی کی ترغیب دیتا ہے، اور اپنے اہل واخوان، اور اقربا وپڑوسیوں اور ہر وہ شخص جن کے ساتھ اس کا کوئی تعلق ہے انھیں بھلائی کی طرف بلانے میں کوئی کسر نہ چھوڑے، اور اس دعوت کا سب بڑا ذریعہ حق کی وصیت کرنا، صبر کی وصیت کرنا، اور بھلی بات کا حکم کرنا، اور بری بات سے منع کرنا ہے۔

شرم وحیا کا حکم

اسلام کے محاسن میں سے اس حیاء کا حکم دیتا ہے کہ جو اس شخص کے لیے فضیلت کی بنیاد اور ہر برائی سے حفاظت کا ذریعہ ہے، جسے اللہ اس کی توفیق دے ، اور عبداللہ بن مسعود رضی اللہ عنہ کی حدیث میں ہے کہ نبی ﷺ نے فرمایا:« اسْتَحْيُوا مِنَ اللَّهِ حَقَّ الْحَيَاءِ »قَالَ: قُلْنَا: يَا رَسُولَ اللهِ ! إِنَّا نَسْتَحْيِي، وَالْحَمْدُ لِلّهِ، قَالَ: « لَيْسَ ذَاكَ، وَلَكِنَّ الاسْتِحْيَاءَ مِنَ اللهِ حَقَّ الْحَيَاءِ أَنْ تَحْفَظَ الرَّأْسَ وَمَا وَعَى، وَالْبَطْنَ وَمَا حَوَى، وَلْتَذْكُرْ الْمَوْتَ وَالْبِلَى، وَمَنْ أَرَادَ الآخِرَةَ تَرَكَ زِينَةَ الدُّنْيَا ». (ترمذي/ صفة القيامة ٢٤ (٢٤٥٨) (حسن)

"اللہ تعالیٰ سے شرم وحیا کرو جیسا کہ اس سے شرم وحیا کرنے کا حق ہے"

ہم نے عرض کیا: اللہ کے رسول! ہم اللہ سے شرم و حیا کرتے ہیں، اور اس پر اللہ کا شکر ادا کرتے ہیں، آپ نے فرمایا: "حیا کا یہ حق نہیں جو تم نے سمجھا ہے، اللہ سے شرو حیا کرنے کا جو حق ہے وہ یہ ہے کہ تم اپنے سر اور اس کے ساتھ جتنی چیزیں ہیں ان سب کی حفاظت کرو، اور اپنے پیٹ اور اس کے اندر جو چیزیں ہیں ان کی حفاظت کرو اور موت اور ہڈیوں کے گل سڑ جانے کو یاد کیا کرو، اور جسے آخرت کی چاہت ہو وہ دنیا کی زیب وزینت کو ترک کردے"۔

جاندار کو نشانہ بنانے کی حرمت

اسلام کے محاسن میں سے یہ ہے کہ اس نے کسی جاندار کو نشانہ بنانے سے منع کیا ہے جیساکہ صحیحین میں ہے کہ عبداللہ بن عمر رضی اللہ عنہما قریش کے جوانوں کے پاس سے گزرے جو ایک چڑیا کو باندھ کر نشانہ بنا رہے تھے، عبداللہ بن عمر رضی اللہ عنہما کو دیکھ کر وہ بھاگ کھڑے ہوئے، آپ نے پوچھا، یہ کون کر رہا تھا؟ اللہ اس پر لعنت کرے جس نے ایسا کیا، رسول اللہ صلی اللہ علیہ وسلم نے اس شخص پر لعنت فرمائی ہے جو کسی جاندار کو نشانہ بنائے۔

انسان کی حرمت وعزت

اسلام کے محاسن میں سے آزاد آدمی کی خرید وفروخت کو منع کرنا بھی ہے، رسول اللہ صلی اللہ علیہ وسلم نے فرمایا: « قَالَ اللَّهُ تَعَالَى: ثَلاثَةٌ أَنَا خَصْمُهُمْ يَوْمَ الْقِيَامَةِ، رَجُلٌ أَعْطَى بِي ثُمَّ غَدَرَ، وَرَجُلٌ بَاعَ حُرًّا فَأَكَلَ

ثَمَنَهُ، وَرَجُلٌ اسْتَأْجَرَ أَجِيرًا فَاسْتَوْفَى مِنْهُ وَلَمْ يُعْطِهِ أَجْرَهُ ». (بخاري /الاجارة ١٠ (٢٢٧٠)

" اللہ تعالیٰ کا فرمان ہے کہ تین قسم کے لوگ ایسے ہیں کہ جن کا قیامت میں میں خود مدعی بنوں گا۔ ایک تو وہ شخص جس نے میرے نام پہ عہد کیا، اور پھر وعدہ خلافی کی۔ دوسرا وہ جس نے کسی آزاد آدمی کو بیچ کر اس کی قیمت کھائی۔ اور تیسرا وہ شخص جس نے کسی کو مزدور کیا، پھر کام تو اس سے پورا لیا، لیکن اس کی مزدوری نہ دی"۔

نجومی کی تصدیق کی ممانعت

اسلام کے محاسن میں یہ ہے کہ اس نے جادو، اور کاہن کی تصدیق کو حرام قرار دیاہے، رسول اللہ ﷺ کا ارشاد ہے:

«لَيْسَ مِنَّا مَن تَطَيَّرَ، أو تُطيرَ لَهُ، أو تَكَهَّنَ أو تُكُهِّنَ لَهُ، أو سَحَّرَ أو سُحِّرَ لَهُ، وَ مَنْ أتى كَاهِنًا فَصَدَّقَهُ بِمَا يُقولُ، فَقَدْ كَفَرَ بِمَا أُنزِلَ عَلى مُحمدٍ صَلَّى اللهُ عَلَيْهِ وَسَلَّمَ» (مسند البزار ج ١ (ح-١١٧٠) (صحيح)

"وہ شخص ہم میں نہیں جو بدشگونی کرے یا جس کے لیے بدشگونی کی جائے ،یا کہانت کرے جس کے لیے کہانت کرائی جائے، یا جادو کرے یااس کے لیے جادو کرایا جائے،اور جس نے کسی کاہن کی بات کی تصدیق کی اس نے رسول اللہ ﷺ کی شریعت کو جھٹلایا"۔

☆ اور اسلام کے محاسن میں یہ ہے کہ اس نے (قداوۃ) یعنی اجنبی

عورت اور اجنبی مرد کے اجتماع کو حرام قرار دیا ہے (معاذ اللہ) خواہ جمع کرنے والا مرد ہو یا عورت۔

☆ اور اسلام کے محاسن میں سے یہ ہے کہ اس نے اس بات کو حرام کیا ہے کہ بادشاہ کے پاس کسی مسلمان کو تکلیف پہنچانے کی کوشش کی جائے۔

☆ اور اسلام کے محاسن میں غصب کرنے کی حرمت بھی ہے کیونکہ وہ ظلم ہے، اور اللہ ظالموں کو پسند نہیں کرتا۔

استقامت کی ترغیب

اسلام کے محاسن میں استقامت کی ترغیب بھی ہے، استقامت کہتے اقوال وافعال اور تمام کاموں میں اعتدال اختیار کرنا، اور تمام حالتوں میں استقامت پر پابند رہنا جس کی وجہ سے نفس بہتر اور کامل حالت میں رہے، لہذا اس سے کسی قبیح بات کا اظہار نہ ہو، نہ اس کی طرف کسی مذموم وکمینہ بات کی نسبت کی جائے، یہ اسی وقت ہوسکتا ہے جب مشرف ومعزز شریعت کی پابندی کی جائے، اور دین متین کو مضبوط پکڑا جائے، اور اس کے حدود پر قائم رہا جائے، اور ساتھ ہی بہترین اخلاق اور کامل صفات اختیار کی جائیں، اللہ تعالیٰ کا ارشاد ہے:

﴿إِنَّ ٱلَّذِينَ قَالُواْ رَبُّنَا ٱللَّهُ ثُمَّ ٱسۡتَقَٰمُواْ تَتَنَزَّلُ عَلَيۡهِمُ ٱلۡمَلَٰٓئِكَةُ أَلَّا تَخَافُواْ وَلَا تَحۡزَنُواْ وَأَبۡشِرُواْ بِٱلۡجَنَّةِ ٱلَّتِي كُنتُمۡ تُوعَدُونَ﴾

[فصلت: ٣٠]

"(واقعی) جن لوگوں نے کہا کہ ہمارا رب اللہ ہے، پھر اسی پر قائم رہے، ان کے پاس فرشتے (یہ کہتے ہوئے) آتے ہیں کہ تم کچھ بھی اندیشہ اور غم نہ کرو، بلکہ اس جنت کی بشارت سن لو جس کا تم وعدہ دیئے گئے ہو"۔

اور اللہ نے اپنے نبی محمد ﷺ سے فرمایا: ﴿فَاسْتَقِمْ كَمَا أُمِرْتَ﴾ "جمے رہو جیسا کہ آپ کو حکم دیا گیا ہے" اور نبی اکرم ﷺ نے سفیان بن عبد اللہ رضی اللہ عنہ سے فرمایا: ﴿قُلْ آمَنْتُ بِاللَّهِ فَاسْتَقِمْ﴾. "تم کہو میں اللہ پر ایمان لایا، پھر اس پر جم جاؤ"۔

بندوں پر اللہ کے فضل و احسان

اسلام کے محاسن میں سے یہ ہے کہ اللہ نے مسلمانوں پر جو چیز بھی حرام کیا اس کے عوض اس سے بہتر چیز عطا کی، تاکہ ان کی ضرورت پوری ہو جائے، جیسا کہ ابن القیم رحمۃ اللہ نے فرمایا: "اللہ نے مسلمانوں پر پانسہ کے ذریعہ قسمت معلوم کرنا حرام قرار دیا، تو اس کے بدلے میں انھیں دعا استخارہ کی تعلیم دی، سود ان پر حرام کیا تو نفع بخش تجارت عطا کی، جو احرام کیا تو گھوڑوں اونٹوں اور تیروں کے ریس کے ذریعہ انعام و بخشش حلال کیا۔ اور ریشم ان پر حرام کیا تو اون کتان اور عمدہ سوتی کپڑوں کو حلال کیا، شراب نوشی حرام فرمائی تو لذیذ مشروبات اور روح و بدن کو فائدہ پہونچانے والی چیزیں حلال کیں، کھانے کی گندی چیزیں حرام کیں تو پاکیزہ کھانے حلال کئے، اسی طرح ہم اسلامی تعلیمات کو تلاش کرتے ہیں تو ہم دیکھتے ہیں کہ اللہ سبحانہ و تعالی نے

جہاں ایک طرف اپنے بندوں پر کوئی تنگی اور بندش رکھی ہے تو اسی قسم کی دوسری چیزوں سے ان پر وسعت بھی پیدا کی ہے۔

حسن نیت کی ترغیب

اسلام کے محاسن میں سے یہ بھی کہ اس نے اپنی تمام تعلیمات وقوانین میں اچھے اسباب، اچھے ارادہ، اور پاکیزہ نیت کو بنیادی حیثیت دی ہے، رسول اللہ ﷺ کا ارشاد ہے: «إِنَّمَا الأَعْمَالُ بِالنِّيَّاتِ، وَإِنَّمَا لِكُلِّ امْرِئٍ مَا نَوَى؛ فَمَنْ كَانَتْ هِجْرَتُهُ إِلَى دُنْيَا يُصِيبُهَا، أَوْ إِلَى امْرَأَةٍ يَنْكِحُهَا؛ فَهِجْرَتُهُ إِلَى مَا هَاجَرَ إِلَيْهِ». (بخاري /بدء الوحي ١ (١)

"بیشک تمام اعمال کا دارو مدار نیت پر ہے، اور ہر عمل کا نتیجہ ہر انسان کو اس کی نیت کے مطابق ہی ملے گا، پس جس کی ہجرت (ترک وطن) دولت دنیا حاصل کرنے کے لئے، یا کسی عورت سے شادی کی غرض سے ہو، تو اس کی ہجرت ان ہی چیزوں کے لئے ہوگی جن کے حاصل کرنے کی نیت سے اس نے ہجرت کی ہے"۔

چنانچہ جس نے اس نیت سے کھانا کھایا کہ اپنی زندگی کی حفاظت کرے گا، اور اپنے جسم کو طاقت بخشے گا، تاکہ اللہ نے اس پر حقوق اور اہل وعیال کی جو ذمہ داریاں عائد کی ہیں سب ادا کرے، تو اس اچھی نیت کی وجہ سے اس کا کھانا اورپینا سب عبادت میں شامل ہوگا۔

اسی طرح جو شخص اپنی بیوی اورلونڈی کے ساتھ اپنی حلال شہوت

پوری کرے کہ اس کی اور اس کی بیوی کی عفت قائم رہے، اور اللہ اسے صالح اولاد عطا کرے، تو یہ بھی عبادت ہے، جس کا اللہ کی طرف سے اجر وثواب ملے گا، اسی سے متعلق رسول اللہ ﷺ کا ارشاد ہے:

«وَبُضْعَتُهُ أَهْلَهُ صَدَقَةٌ» قَالُوا: يَا رَسُولَ اللَّهِ! يَأْتِي شَهْوَةً وَتَكُونُ لَهُ صَدَقَةٌ؟ قَالَ: «أَرَأَيْتَ لَوْوَضَعَهَا فِي غَيْرِ حَقِّهَا أَكَانَ يَأْثَمُ؟». (مسلم/ المسافرين ١٣ (٧٢٠)

"اور اس کا اپنی بیوی سے ہم بستری بھی صدقہ ہے"، لوگوں نے عرض کیا: اللہ کے رسول! وہ تو اس سے اپنی شہوت پوری کرتا ہے، پھر بھی صدقہ ہوگا؟ (یعنی اس پر اسے ثواب کیونکر ہوگا) تو آپ ﷺ نے فرمایا: "کیا خیال ہے تمہارا اگر وہ اپنی خواہش (بیوی کے بجائے) کسی اور کے ساتھ پوری کرتا تو گنہگار ہوتا یا نہیں؟" (جب وہ غلط کاری کرنے پر گنہگار رہوتا تو صحیح جگہ استعمال کرنے پر اسے ثواب بھی ہوگا)

غصب، چوری، اورلوٹے ہوئے مال کے خریدنے کی حرمت

اسلام کے محاسن میں سے یہ بھی ہے کہ جوچیز غصب کی گئی، یا چوری کی گئی، یااس کے مالک سے ناحق چھین لی گئی اس کا خریدنا مسلمان پر حرام ہے، کیونکہ ایسی چیز کا خریدنا، غاصب، چور اور ڈاکو کی مدد کرنا ہے، اور جب یہ معلوم ہوجائے کہ یہ چیز چوری کی ہے تو خواہ چوری کی مدت کتنی ہی لمبی کیوں نہ ہوگئی ہو یا چوری کا مال چور اور ڈاکو کے ہاتھ میں کتنے ہی زمانہ سے کیوں نہ ہو بہرحال وہ چوری ہے زمانہ کے طول

وکمی کی وجہ سے شریعت کسی حرام چیز کو حلال نہیں کرتی، اور مدت دراز کی بناء پر حقیقی مالک کے حق کو ساقط نہیں کرتی۔

سود کی حرمت

اسلام کے محاسن میں سے سود کو حرام کرنا بھی ہے۔

اولا: کیونکہ سود آدمی کے مال کو بغیر عوض دلادیتا ہے، کیونکہ ایک درہم کو دو درہم کے عوض بیچنے کی صورت میں ایک درہم بغیر عوض کے مل جاتا ہے، اور جب سب جانتے ہیں انسان کا مال اس کی ضرورت کے ساتھ لگا ہوا ہے اور اس کا بڑا احترام ہے۔

ثانیا: سود کا رواج لوگوں کے درمیان قرض کی نیکی کو ختم کردیتا ہے۔

ثالثا: سود کی وجہ سے آدمی روزی کمانے کی مشقت کو برداشت نہیں کرتا جس سے مخلوق کے منافع کا خاتمہ ہوجاتا ہے، اور طلب روزی کی جدوجہد ڈھیلی پڑجاتی ہے، اور اللہ نے سود کھانے اور کھلانے والے، اور لکھنے والے اور گواہی دینے والے سب پر لعنت کی ہے۔

نعمت اسلام کو یاد رکھو

اللہ کے بندو! اسلام کے جن محاسن کا ذکر تم نے اب تک سنا وہ سمندراسلام کا ایک قطرہ ہے، جس سے اللہ نے عرب کے انتشار وتفرقہ کو متحد کردیا، اور ان کے دلوں اور صفوں کو اکٹھا کردیا، اور ان

کی طبیعت واخلاق کو سنوار دیا، یہاں تک کہ انھیں میں سے ایک ایسی امت تیار کی جو سخت جنگجو، زبردست قوت کی مالک تھی جس نے روئے زمین کو اپنے قبضہ میں کرلیا، اور تمام اطراف وجواب میں اسلام کے علوم وفنون کی نشر واشاعت کی، اللہ تعالی کا ارشاد ہے:

﴿وَاذْكُرُوا نِعْمَتَ اللَّهِ عَلَيْكُمْ إِذْ كُنتُمْ أَعْدَاءً فَأَلَّفَ بَيْنَ قُلُوبِكُمْ فَأَصْبَحْتُم بِنِعْمَتِهِ إِخْوَانًا﴾ [آل عمران: ۱۰۳]

"یاد کرو جب تم ایک دوسرے کے دشمن تھے، تو اس نے تمہارے دلوں میں الفت ڈال دی، پس تم اس کی مہربانی سے بھائی بھائی بن گئے"۔

اور فرمایا:

﴿وَاذْكُرُوا إِذْ أَنتُمْ قَلِيلٌ مُّسْتَضْعَفُونَ فِي الْأَرْضِ تَخَافُونَ أَن يَتَخَطَّفَكُمُ النَّاسُ فَآوَاكُمْ وَأَيَّدَكُم بِنَصْرِهِ﴾ [الأنفال: ۲٦]

"اور اس حالت کو یاد کرو جب کہ تم زمین میں تھوڑے تھے، کمزور شمار کئے جاتے تھے، اس اندیشے میں رہتے تھے کہ لوگ تمہیں نوچ کھسوٹ نہ لیں، سواللہ نے تم کو رہنے کی جگہ دی، اور تم کو اپنی نصرت سے قوت دی"۔

اسلام مانند آفتاب ہے

اللہ نے اس دین اسلام کو زمین کے تمام اطراف میں پھیلادیا، گویا وہ چمکتا سورج ہے جس کی شعائیں محجوب نہیں ہیں ،اور وہ روشن چاند ہے جس کی روشنی مدھم نہیں ہوتی، نہ اس کا نور بجھتاہے، یہ وہ دین ہے

جسے اس کے دشمن ناپسند کرتے ہوئے بھی روزانہ شعوری اور لاشعوری طورپر اس کے قریب ہوتے جارہے ہیں، کیونکہ اپنی لاعلمی ایجادات اورعلوم میں جیسے جیسے لوگ آگے بڑھ رہے ہیں، (ایسے ایسے اس کی حقانیت کی گواہی دے رہی ہیں، اللہ کا ارشاد ہے:

﴿ سَنُرِيهِمْ ءَايَٰتِنَا فِى ٱلْءَافَاقِ وَفِىٓ أَنفُسِهِمْ حَتَّىٰ يَتَبَيَّنَ لَهُمْ أَنَّهُ ٱلْحَقُّ ﴾

[فصلت: ۵۳]

”عنقریب ہم انھیں اپنی نشانیاں آفاق عالم میں دکھائیں گے، اور خود ان کی اپنی ذات میں بھی یہاں تک کہ ان پر واضح ہوجائے کہ حق یہی ہے“۔

اسلام وہ دین ہے کہ اس کے دشمن اور حاسد اوّل روز ہی سے اس کے خلاف سازشیں کررہے ہیں، پھر بھی جیساکہ آپ دیکھ رہے ہیں نہ اس کی روشنی بجھی، نہ ہی اس کی دلیل کمزور ہوئی، اللہ کا ارشاد ہے:

﴿ يُرِيدُونَ لِيُطْفِـُٔوا۟ نُورَ ٱللَّهِ بِأَفْوَٰهِهِمْ وَٱللَّهُ مُتِمُّ نُورِهِۦ وَلَوْ كَرِهَ ٱلْكَٰفِرُونَ ﴾

[الصف: ۸]

”وہ چاہتے ہیں کہ اللہ کے نور کو اپنے منھ سے بجھادیں، اور اللہ اپنے نور کو کمال تک پہونچانے والاہے، گوکافر برامانیں“۔

مسلمانوں تمہارے لیے اتنا ہی جاننا کافی ہے کہ اسلام دنیا وآخرت کی بھلائیوں اور نعمتوں کو شامل ہے، ہر فضیلت کی اسلام نے ترغیب دی،

اور تمام رذائل سے نفرت دلائی، اگر آپ اس کی مضبوط رسی کو پکڑے رہوگے، اور اس کے احکامات پر عمل کے حریص وشائق رہوگے، اور اس کے عادات سے آراستہ رہوگے، تو سعادت کی زندگی جیوگے، اور خوش بختی کی موت مروگے۔

اسلام ماضی کے آئینہ میں

امت اسلامیہ کے آغاز پر نظر ڈالیں، اور اس کی پہلی ترقی کے اسباب وعوامل پر غور فرمائیں تو تم کو معلوم ہوگا کہ جس نے امت کی آواز کو متحد کیا، ان کی ہمتوں کو ابھارا، اور اس کے افراد کو متحد کیا، اور امت کو ایسی بلندی تک پہونچا دیا جہاں سے وہ دنیا کی تمام امتوں پر شرف پاگئیں، اوراپنے مقام ومرتبہ پر فائز رہتے ہوئے اپنی باریک حکمتوں سے ان کی قیادت کرنے لگیں، وہ صرف "دین اسلام" ہی تھا، وہ دین جس کے اصول مضبوط، بنیادیں مستحکم، تمام احکامات پر مشتمل، جو الفت کا باعث، محبت کا پیامبر، نفوس کا صاف کرنے والا، دلوں کو خساستوں کے میل سے پاک کرنے والا، عقلوں کو حق کی عزت سے روشنی بخشنے والا، انسانی سماج کی تمام بنیادی ضروریات کا کفیل، اور اس کے وجود کا محافظ، اور اپنے تمام معتقدین کو صحیح شہریت تمام شعبوں کی دعوت دیتا ہے، بعثت اسلام سے قبل کی تاریخ کا مطالعہ کرو، اختلاف، شر ومنکرات اور کمینہ خصلتوں میں لوگ مبتلاتھے، دین اسلام نمودار ہوا اس نے انسانوں کو متحد وقوی اور مہذب بنایا، ان کی عقلوں کو روشنی بخشی، ان کے اخلاق درست کئے، ان کے احکامات سدھارے،

اس طرح امت اسلامیہ سارے عالم پر چھاگئی، اور جہاں حکومت کی عدل وانصاف کا ڈنکا بجایا۔

اے اللہ! ہمیں اپنی تدبیر سے بچالے، اور اپنی یاد سے ہم کو زینت بخش دے، اور اپنے حکم کے مطابق ہم سے کام لے، اور اپنی اچھی پردہ پوشی کو ہم پر تار تار مت کردے، اور اپنی مہربانی سے ہم پر احسان فرمادے، اور اپنی یاد اور شکر پر ہمیں برکت اور مدد عطافرما، اے اللہ! ہمیں اپنے عذاب سے بچالے، اور اپنی سزا سے ہماری حفاظت فرمادے، اے اللہ! جس پر تو نے ہمیں والی بنایا وہاں ہمیں عدل اور استقامت کی توفیق دے ،اے اللہ ہم اس دنیا سے تیری پناہ چاہتے ہیں جو آخرت کی بھلائی سے ہم کو روک دے، اور اس زندگی سے تیری پناہ چاہتے ہیں جو بہتر عمل سے روکے، اور تجھ سے سوال کرتے ہیں کہ تو ہمارے قلوب کو منور فرمادے، اور ہمیں اپنے ثابت قول پر دنیا اور آخرت میں قائم رکھ ، اور اے ارحم الراحمین! اپنی رحمت سے ہم کو اور ہمارے والدین اور تمام مسلمانوں کو بخش دے آمین۔

وصلى على محمد وعلى آله وصحبه أجمعين.

دین اسلام کے محاسن

فہرست مضامین

پیش لفظ	7
مقدمۃ المؤلف	13
اسلام کی بعض اہم خوبیاں	15
شرائع اسلام کے محاسن	24
نماز کے محاسن	24
نماز کے دینی ودنیاوی فوائد	26
زکاۃ کے فوائد ومحاسن	27
روزے کے فوائد ومحاسن	28
حج کے فوائد ومحاسن	29
جہاد فی سبیل اللہ کے فوائد ومحاسن	32
بیع وشراء کے فوائد ومحاسن	35
کرایہ داری کے فوائد	36
وکالت اور کفالت کی خوبیاں	36
شفعہ کی خوبی	38
امانت کی ادائیگی کی خوبی	39
حسن معاشرت کا حکم	40
ترکہ کے محاسن	40
ہبہ کے محاسن	42
ہدیہ وتحفہ کے فوائد	43

دین اسلام کے محاسن

نکاح کے محاسن	44
طلاق کی اہمیت	44
قصاص کی اہمیت وفوائد	47
شراب کی حرمت اور اس کی حکمت	48
اسلام کے محاسن کا سرسری جائزہ	49
مشورہ کا حکم	49
تقویٰ اپنانے کی ترغیب	49
باہمی محبت کی ترغیب	50
چغل خوری وظلم کی مذمت	51
صلح جوئی کے محاسن	52
قطع تعلق کی مذمت	53
تمسخر کی ممانعت	53
سلام کرنے کا حکم	54
افواہ کی تحقیق کا حکم	54
دائیں ہاتھ سے کھانے وپینے کا حکم	56
جنازہ کی مشایعت اور چھینکنے والے کے جواب دینے کا حکم	56
قبولیت دعوت کی اہمیت	57
شک کی جگہوں سے اجتناب کا حکم	58
ظالم سے اجتناب کا حکم	61
ستر پوشی کا حکم	61
مسلمانوں کو خوش کرنے کا حکم	62
سرگوشی وفضول گوئی اور بدزبانی سے اجتناب	63
بیچ راہ میں بیٹھنے کی ممانعت	65
اللہ کے نام پر پناہ دینے کا حکم	65

1

67	خیر خواہی، میانہ روی، عزت کی حفاظت اور صبر کا حکم
69	یتیم و مسکین کا خیال
71	جانوروں پر رحم کرنے کا حکم
75	لوگوں کے مقام و مرتبہ کا لحاظ
77	عورتوں کے حقوق
79	رسوم جاہلیت کی ممانعت
85	دورِ جاہلیت کے اعتقاد سے اجتناب
86	بے وفائی اور بدعہدی کی حرمت
88	روزی کمانے کا حکم
89	کھانے پینے میں اعتدال کا حکم
90	تنگ دست کو مہلت دینے کا حکم
91	رشوت کی حرمت اور نادم کو معاف کرنے کی ترغیب
93	دین میں خیرخواہی کا حکم
95	صلہ رحمی کا حکم
96	رہبانیت کی ممانعت
99	بھلائی کے کام اور یادِ آخرت کی ترغیب
100	اللہ پر اعتماد کامل کی ترغیب
102	اصلاحِ معاشرہ کی ترغیب
104	جھوٹی گواہی کی ممانعت
105	رسوم جاہلیت کی ممانعت
106	قدرتی تالاب پر قبضہ کی ممانعت
107	حقیقی مفلس کون؟
108	پاکیزہ گفتگو کا حکم
109	شرم و حیاء کا حکم

110	جاندار کو نشانہ بنانے کی حرمت
110	انسان کی حرمت و عزت
111	نجومی کی تصدیق کی ممانعت
112	استقامت کی ترغیب
113	بندوں پر اللہ کے فضل و احسان
114	حسن نیت کی ترغیب
115	غصب، چوری یا لوٹے ہوئے مال کو خریدنے کی حرمت
116	سود کی حرمت
116	نعمت اسلام کو یاد رکھو
117	اسلام مانند آفتاب ہے
119	اسلام ماضی کے آئینہ میں
121	فہرست مضامین

For more details visit
www.GuideToIslam.com

GUIDE TO ISLAM

contact us :Books@guidetoislam.com

Guidetolslam.org Guidetoislam1 Guidetoislam www.Guidetoislam.com

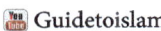

المكتب التعاوني للدعوة وتوعية الجاليات بالربوة

هاتف: ٩٦٦١١٤٤٥٤٩٠٠+ فاكس: ٩٦٦١١٤٩٧٠١٢٦+ ص ب ٢٩٤٦٥ الرياض: ١١٤٥٧

ISLAMIC PROPAGATION OFFICE IN RABWAH

P.O.BOX 29465 RIYAD- 11457 TEL: +966 11 4454900 FAX: +966 11 4970126

www.ingramcontent.com/pod-product-compliance
Lightning Source LLC
LaVergne TN
LVHW050140080526
838202LV00062B/6541
9786038297261